U0754266

子藏

道家部

子華子卷

1

華東師範大學「子藏」編纂中心編
總編纂 方勇
副總編纂 吳平

國家圖書館出版社

圖書在版編目(CIP)數據

子藏·道家部·子華子卷(全四册)/方勇編纂.—北京:國家圖書館出版社,2014.3(2021.10重印)

ISBN 978-7-5013-5220-3

Ⅰ.①子… Ⅱ.①方… Ⅲ.①先秦哲學—研究 ②《子華子》—研究 Ⅳ.①B220.5②B223.95

中國版本圖書館CIP數據核字(2013)第256339號

書　　名	子藏·道家部·子華子卷(全四册)
著　　者	方　勇　編纂
責任編輯	張愛芳
重印編輯	代　坤　袁宏偉
封面設計	敬人書籍設計工作室 呂敬人+呂旻
出版發行	國家圖書館出版社(北京市西城區文津街7號　100034) (原書目文獻出版社　北京圖書館出版社) 010-66114536　63802249　nlcpress@nlc.cn(郵購)
網　　址	http://www.nlcpress.com
印　　裝	北京華藝齋古籍印務有限公司
版次印次	2014年3月第1版　2021年10月第2次印刷
開　　本	787×1092(毫米)　1/16
印　　張	167.5
書　　號	ISBN 978-7-5013-5220-3
定　　價	2600.00圓

版權所有　侵權必究

本書如有印裝質量問題,請與讀者服務部(010-66126156)聯繫調换。

子藏

顧問委員會

總顧問：饒宗頤(中國香港)

顧　問：李學勤　徐中玉　卿希泰　陳鼓應(中國臺灣)

裘錫圭

學術委員會

主　任：傅璇琮

委　員：王水照　王葆玹　王鍾陵　方立天　朱傑人　邵　鴻

李炳海　吳　格　林慶彰(中國臺灣)　林其錟　周桂鈿

徐志嘯　徐有富　曹礎基　陸永品　許抗生

陳麗桂(中國臺灣)　畢來德［瑞士］　張雙棣　崔大華

楊國榮　趙逵夫　樓宇烈　劉笑敢(中國香港)　劉躍進

劉仲宇　鍾肇鵬　魏宗禹　譚家健　嚴佐之

編纂委員會

總 編 纂：方　勇

副總編纂：吴　平

委　　員：王　鐵　王國良　方　銘　何志華(中國香港)

沈乃文　李桂生　李似珍　李　波　李秀華

邵炳軍　周瀚光　林世田　武秀成　房鑫亮

高華平　頁華南　徐儒宗　徐莉莉　徐憶農

徐德明　耿振東　張湧泉　張　覺　張洪興

陳　静　陳　致　陳引馳　陳　贇　陳紅彦

陳正宏　陳先行　陳廣忠　陳志平　強　昱

章義和　曹書傑　眭　駿　崔志博　程水金

傅　剛　葉蓓卿　彭鴻程　楊　健　趙平安

臧克和　劉毓慶　劉志基　劉梁劍　劉康德

劉佩德　劉　兵　鄧國光(中國澳門)　廖名春

鄭曉霞　錢振民　戴揚本　簡光明(中國臺灣)

謝冬榮　嚴壽澂[新加坡]　羅　琳　羅争鳴

顧史考（Scott Cook）［美國］　龔　斌

出版委員會

主　任：羅國振

副主任：張志清

委　員：方自金　范　軍　姜　紅　莊輝明　徐　蜀　唐玉光

郭又陵　殷夢霞　許紅珍　張愛芳　賈貴榮　譚　帆

顧紅亮

（以上皆按姓氏筆畫排列）

《子藏》總序

方勇

宇宙綿邈，喈高才之陵替；時世移易，惟百家之代興。信乎諸子之爲顯學也！方今海内右文圖治，操觚懷鉛之士，希風前秀，争崇國學，穿穴百氏，出入九流，不惟後生小子，皆翕然從風，抑或百工商賈，亦欣然景慕矣。乃華東師範大學，敢以振興文教自任，啓動《子藏》工程，搜天下之遺籍，極百家之大觀，其霑溉子學，嘉惠來兹，蔑以加矣。今值是書成編，揆以古例，用製序文，以弁簡端云爾。

昔周道既微，諸侯放恣，上下失序，九流並作。孔丘祖述堯舜，憲章文武，修《春秋》，闢私學，裒其遺言，是爲《論語》。孟軻聞其風，慕而悦之，私淑有得，斯有《孟子》。老聃絶聖棄智，絶仁棄義，知雄守雌，知白守辱，因有《老子》。莊周以虚遠之説，恣縱之言，巵之寓之，重之覆之，遂成《莊子》。墨翟用夏政，倡兼愛，崇節儉，而《墨子》出焉。荀況尊孔氏之學，採衆家之長，而《荀子》備焉。若斯之儔，後先接踵，皆英才特達，奮其智慮，騰口舌以競辯，著文章以立説，乃中土學術之源頭，華夏文化之瑰寶也。

逮嬴政即位，滅典禁學，惟韓非、李斯，相繼鳴高，而百家競唱，頓失聲響。漢承秦政，亦鄙文事，然經世致用之學，廷議對策之文，實因君主望治，固已應運而生。若賈誼《過秦》《治安》，晁錯《賢良》《貴粟》，不讓戰國之縱横；陸賈《新語》、賈氏《新書》，比美諸子之盛藻。方是時也，文帝、竇后，推尊黄老，風被草上，士臣效焉。淮南劉安，廣致門客，纂成《鴻烈》，思以『統天下，理萬物』（《淮南子·要略》），旨近老莊，而博採孔、墨、陰陽、申、韓，黄老之學，至此而集大成。洎漢武改運，一尊儒術，諸家之説，悉摒弗用。迨元、成以還，揚雄著《法言》，王充成《論衡》，發論煌煌，復振子學。漢季士尚横議，王符作《潛夫》，荀悦張《申鑒》，踵武前修，經綸天下，無愧百家，諸子於是乎騰聲，著述以此而增價。

爰及魏晉，士習苟安，虛慕玄遠，爲學空追柱下，博物不離七篇。何晏、王弼之倫，依傍老聃，啓玄風之溟溟；嵇康、阮籍之儔，寄情莊周，避世情之炎炎。向秀、郭象之輩，雖乏奇藻，惟雅尚《莊子》，自有會心；司馬、崔譔之徒，咸有根柢，訓詁《莊》書，類多可述。凡此皆道家之餘響，俗世之殊韻也。嗣後南北懸隔，王道淪失，百家之書，學者未遑，非力有不逮，實世風之日替。然中流有在，綿綿若存，若葛洪《抱朴》，意新辭茂；元帝《金樓》、之推《家訓》、佚名《劉子》，皆識見非凡，不讓前秀。

李唐尊佛老，崇釋道，收士人之心，廣開科第，《老》《莊》《列》《文》，並駕六經，治子之風日盛，注述彬彬而出。然此爲梯進之媒，實非中心好之，固與魏晉玄士有間矣。趙宋謀國，權術是依，承安三教，意非進取。太宗、徽宗，寄心道流，而名士荆公、子瞻之倫，皆助瀾推波。是以老莊復興，闡述者衆，若陳景元、呂惠卿、王元澤、林希逸、褚伯秀，咸有可述。然正議格辯，亦復高漲。呂公著上書請禁，以爲：『主司不得出題老、莊書，舉子不得以申、韓、佛書爲學。』（《宋史·呂公著傳》）葉適則謂：『蓋周之書，大用於世者再，其極皆爲夷狄亂華、父子相夷之禍，然則楊、墨、申、韓之害，曾不若是之遠已！』（《水心先生別集·莊子》）固知老、莊、楊、墨、申、韓之跡未替，與儒學並世而異流矣。

明正德以還，王守仁高張宗旨，與朱子殊科。其後天下從風，若楊愼、焦竑、李贄、方以智者，天資既非尋常比，而筆底風雲，或以佛老通義理，或由莊周自照心，老莊浸盛，一時沛然不可禦者矣。而傅山力倡『經子不分』（《雜記三》），以爲『有子而後有作經者也』（同上），持論高曠，足以動俗。其於《老子》《莊子》《列子》《管子》《墨子》

《公孫》《鄧析》《荀子》《鬼谷》《亢倉》《尹文》《鶡冠》《商君》《淮南》，靡所不究，豈非近代子學之先聲耶！

清帝右文，但嚴於防備，爲政多忌，禁網重罹。故士憚不意之殃，下筆謹慎若寒蟬，放言之未敢，豈高論之煌煌！全身之計，惟耽樸學，此不得不然。高士若盧文弨、王念孫、洪頤煊、俞樾之儔，姚文田、江有誥、馬國翰、孫馮翼之輩，皆智在上人，學通四部，咸矻矻於辨音，肆意於考訂，孜孜於鉤韻，窮年於輯佚，無分經、子之畛域，一視而同仁。子學駸駸，同並經史，樸學實與有力焉。至於辭章之士，貝錦於百家，妙析文理，翫之不已。若林雲銘、宣穎、胡文英、劉鳳苞皆其儔也。清社既屋，政體更易，國運殊艱，禁網難張，兼以西學東漸，觀念開放，論述恣縱，横議隨心，亦勢所必然。如章炳麟、劉師培、聞一多、錢穆、馮友蘭、于省吾、王叔岷、陳奇猷諸公，或以其襟抱之寬博、氣度之恢奇，或以其視界之宏遠、思維之深邃，奮書申志，遥接華夏學術之慧命；鋪議精義，大明九流乎西學湯湯之時；提振子學，百家之説洋洋乎大興，厥功偉矣。

清季新學肇興，民智大張，承學之士，皆思撰述，或倡『西學源於諸子』之論，務欲張揚國粹。鄒伯奇以泰西科技、宗教、文字濫觴於《墨子》，薛福成以西洋電學、化學權輿於《莊子・外物》，張自牧以西人算學、重學、數學、聲學、熱學、光學、電學、化學、醫學、天文學、氣象學、地理學、機械學、測量學、植物學出自《墨子》《關尹》《淮南》《亢倉》《論衡》。鄧實《古學復興論》則謂：『墨荀之名學，管商之法學，老莊之神學，計然、白圭之計學，扁鵲之醫學，孫吳之兵學，皆卓然自成一家言，可與西土哲儒並駕齊驅者也。』如斯之類，皆有激於時，持論雖偏，無補於學術，然推挹九流，用昭萬邦，用心可謂良苦矣。

百年以來，地不愛寶，逸文故書，時有出土，關乎諸子者，在在而有。若敦煌之《老》《列》《莊》，黑水城之呂惠卿《莊子義》，馬王堆之《老子》，定州之《文子》，銀雀山之《孫子》《孫臏》《六韜》《尉繚》，雖殘損不完，亦可補上古文獻之不足，訂傳世文書之訛誤，其爲用也亦大矣。

觀夫百家競聲，流溉無已，至於近世，新境別開，動人心魄。其形諸文字，足以充棟，於六藝以外，蔚爲大國，而於中土文化，影響至鉅，且至深也。歷世通才碩學，或嗜古耽文者，豈能自外於此乎？

昔者莊周，慨百家衆技之蜂起，憫道術將爲天下裂，乃奮著《天下》之篇，放眼古今學問，歷敘其淵源之所自，風流之所及，舉凡墨翟、禽滑釐派，宋鈃、尹文派，彭蒙、田駢、慎到派，關尹、老聃派，莊周派，惠施、桓團、公孫龍派，靡不較論，褒貶偏至，歸宿大道。評較諸子，此爲濫觴。荀況明道，著爲《解蔽》，深譏諸子之偏弊，以爲『墨子蔽於用而不知文，宋子蔽於欲而不知得，慎子蔽於法而不知賢，申子蔽於勢而不知知，惠子蔽於辭而不知實，莊子蔽於天而不知人』，雖見機穎，未必服人；復爲《非十二子》之論，大類訶詈，皆有所激，難稱持平。惟其評騭諸子，流别部居，區分學派，若它囂、魏牟派，陳仲、史鰌派，墨翟、宋鈃派，慎到、田駢派，惠施、鄧析派，子思、孟軻派，仲尼、子弓派，臚陳列示，類多可徵，振響莊周之後，宜乎與《天下》並傳。其門人韓非，著《解老》《喻老》，融法入老，變混宗旨，曲柱下以非其義，意未深接，難免有狂躁之譏。然治老之作，實導乎此也。

炎漢司馬談，著爲《要指》，範圍學藝之名實，綜陰陽、儒、墨、名、法、道德六家，司判得失，先秦學術，大體粗定。劉歆復撰《七略》，增益縱横、農、雜、小説，定爲十家。此百氏分合之歸宿，家數定稱之厥初也。班固《藝文志》深探本源，論定諸子皆起於『王官』，曲承莊周《天下》『古之道術有在於是者』之論緒，觀流索源，惟義説爛漫而無可徵信。然於儒術得令之際，敢次列儒家於諸子之間，足見學術公論，不爲利禄所淹殺也。孟堅詮敘諸家，雖辟猶水火，然相滅亦相生，誠見理識。至於書録，儒家五十三，道家三十七，陰陽家二十一，法家十，名家七，墨家六，縱横家十二，雜家二十，農家九，小説家十五，統四千三百二十有四篇。十家著述載録，蓋云備矣。百世之下，班《志》所述，稽古猶須賴焉。

典午以後，簿録雲構，鄭默《中經》、荀勗《新簿》、王儉《七志》、阮孝緒《七録》、劉遵《梁東宮四部目録》，多承前志，别類各殊，然大勢所趨，則合爲四部，所謂甲、乙、丙、丁是也。迨《隋志》修纂，參酌先例，定名經、史、子、集，以代甲、乙、丙、丁，後世式焉。其子部則併班《志》諸子略、兵書略、術數略、方技略，所謂儒、道、法、名、墨、縱横、雜、農、小説、兵、天文、歷數、五行、醫方諸類是也。爾後簿録相承，遞爲損益，見備《四庫》，若儒家、兵家、法家、農家、醫家、天文演算法、術數、藝術、譜録、雜家、類書、小説家、釋家、道家咸歸子部，所謂『自六經以外立説者，皆子書也』（《四庫全書總目·子部總敘》）。

六朝以還，道術承變，頗思頡頏儒釋；羽流不甘，亦廣訪祕典，博搜奇編，彙爲道經。始則劉宋陸修静，總括三洞，校理目次，成《三洞經書目録》。唐人復輯《三洞瓊綱》，遞至趙宋，《寶文統録》《大宋天宫寶藏》《政和萬壽道藏》之集，煌煌矣。金、元刊刻，板亦漫滅。今存明正統《道藏》，收録凡五千三百零五卷；萬曆《續道藏》，凡一百八十卷，皆道典之總彙。清彭定求《道藏輯要》、閔一得《道藏續編》，近世守一子《道藏精華録》，續有增補。而諸子遺編，其涉道術者亦録其中，文獻有存，則『藏』之爲用亦大矣。

宋龔士卨始輯《五子纂圖互注》，所録五書，一曰《纂圖互注老子章句》，二曰《纂圖互注南華真經》，三曰《纂圖互注荀子》，四曰《纂圖互注揚子法言》，五曰《纂圖互注文中子》。後此以往，叢刻疊見。明李瀚《新刊五子書》、歐陽清《五子書》、張懋宷《楊升庵先生評注先秦五子全書》、許宗魯《六子書》、顧春《六子書》、陶原烺《六子全書》、謝汝韶《二十家子書》、陸明揚《紫薇堂四子》、吴勉學《二十子全書》、史起欽《諸子纂要》、董逢元《四子全書》、陳楠《四子書》、黄之寀《二十子》、張登雲《中立四子集》、閔齊伋《三子合刊》，皆明人標榜家數之遺風；復有周子義《子彙》、馮夢禎《先秦諸子合編》、方疑《且且庵初箋十六子》、佚名《合諸名家批點諸子全書》、汪定國《諸子裒異》、歸有光《諸子彙函》，清有吴鼒《韓晏合編》、王子興《十子全書》、王纕堂《廿二子全書》、馮雲鵷《聖門十六子書》、崇文書局《子書百家》、浙江書局《二十二子》、鴻文書局《二十五子彙函》、育文書局《子書二十八種》，民國有五鳳樓主人《子書四十八種》、陳乃乾《周秦諸子斠注十種》、國學整理社《諸子集成》，則學術爲宗，入門稱便。若斯之類，陳陳相因，或採擇未精，或板刻漫漶，然其別裁分體，或配隸自殊，或槖函衆家，或籠罩百氏，不惟惠及學人，即今從事編纂，亦可酌採其法，漁弋其所録之文也。

縱覽千祀，詳觀衆志，目録所載，子部所列，不啻充棟汗牛，抑亦塞乎區宇矣。然歷世編録，子部所收，端緒茫如，最稱龐雜，舉凡淩雜不倫，無可附麗者，皆可強入之，不足以爲準式。且儒者用心，排斥異端，官方纂輯，六藝爲先，子書非所矚目也。若《四庫》標榜『全書』，所收《管子》《晏子》《老子》《莊子》《墨子》《商君》《荀子》《韓子》《呂覽》《淮南》白文本，與乎相關研治之著作，僅得數十。宋明以還，雖好事者恒有，動輒災梨禍棗，刊爲子書叢編，亦不過攟要摘精，豈可窺其大全乎！兩岸隔絶之日，臺灣有嚴靈峰者，用展襟抱，旁搜廣輯，日有孜孜，於《老》《列》《莊》《墨》《荀》《韓》諸子，所得甚夥，影印成編，彙爲《無求備齋諸子集成》，功駕前人之上。然嚴公以一己之力，雖黽勉從事，蓋有不支焉。且以一水相隔，子學卷帙所儲，實以大陸爲富，而得之爲難，豈可諧其夙願！又爲技術所限，所印六子集成，模糊不清者，蓋居其泰半，學人多病之，可爲歎息者也。

今海内昇平，文運昭回，凡志懷天下者，莫不欲高翥青冥，周覽八極，收古今政道人生之智慧，綜歷代成敗得失之經驗，鑒别中西學藝，重建強國話語，亟思奮勵，所以修齊而治平也。華東師範大學，用敢以振興文命自任，以副天下之望，遂勉先秦諸子研究中心垂意，廣徵高識學人，搜四方遺文，綜百家大觀，嘉惠學人，貽功來葉。予雖不敏，豈敢不勉！先是創辦《諸子學刊》，用弘斯業；繼而編纂《子藏》，求全且精，庶或無愧於古人，而來葉知所歸。年前春三月，禮邀宿儒碩學，共論滬上。大德如傅璇琮、卿希泰、陳鼓應、許抗生、陸永品、王水照、蕭漢明、張雙棣、趙逵夫、鄭傑文、張湧泉、廖名春諸先生，皆慷慨相持，莫不奮言，學人共識，皆融此際。未克與會之李學勤先生，欣然惠賜雅論，亦云：『如能彙集成爲《子藏》，實在是功莫大焉。』是知編纂《子藏》，乃人心之所向，爲時代之事業，以故當下起行，一往無前也。

夫『子藏』者，言網羅放佚，次第編摩，俾子學遺籍，盡彙一藏也。『藏』爲儲物之所，佛典之總謂《佛藏》，道經之彙稱《道藏》。今總彙子學遺編，則謂之《子藏》也。蓋漢孝武以還，儒術獨尊，莫與比盛，公私册府，皆庋藏其籍，而他家子書，則多散佚，難以尋覓，故採掇搜羅，彙爲一藏，與天下共之，其嘉惠學林也甚溥矣哉！

劉勰云：『諸子者，入道見志之書。』（《文心雕龍·諸子》）誠哉斯言！然披觀志録，子部配隸，殊有可議。如《漢志》所列『農家』，多勸農桑，或言耕稼之書；『小説家』則有《周考》二十六篇，班固自注曰『考周事也』，亦非『入道見志』之書明矣。《隋志》合《漢志》諸子略、兵書略、術數略、方技略而爲『子部』，歸攝天文、歷數、五行、醫方，此皆方術，殊非見志。《四庫》『子部』，旨在兼包，採擇失統，諸如推步、算書、數學、占候、相宅相墓、占卜、命書相書、陰陽五行、雜技術、書畫、琴譜、篆刻、器物、食譜、雜學、雜考、雜説、雜品、雜纂、雜編、雜事、異聞、瑣語，無所不包，門類有失於冗雜。然沿用已久，積非成是，見諸《中國叢書綜録》。準是以求，則津逮多迷，雜學充斥，而子學『入道見志』之旨，益惑於簿録。今之治子學者，若尤而效之，援爲法戒，則必長見笑於大方之家矣。

若乃觀諸叢刻，宋明以降，『子學』固與『子部』别矣。其中尚見疑似者，如王纕堂《廿二子全書》録《古三墳》一卷、《忠經》一卷、《農説》一卷、《佛説四十二章經》一卷、《葬經》一卷，崇文書局《子書百家》録《齊民要術》十卷、《焦氏易林》四卷、《燕丹子》三卷、《山海經》十八卷、《海内十洲記》一卷、《搜神記》二十卷、《博物志》十卷，浙江書局《二十二子》録《竹書紀年統箋》十二卷、《補注黄帝内經素問》二十四卷，皆非入道之書，亦無關見志。惟嚴靈峰輯《無求備齋諸子集成》，並《周秦漢魏諸子知見書目》，去取之間，頗具識力，足資參詳。

揚搉古今，參稽舊説，折衷群議，雜以私意，輒以爲《子藏》之『子』，當取思想史『諸子百家』之『子』，而非因襲目録學『經、史、子、集』之『子』也。善乎章炳麟《諸子略説》所言：『所謂諸子學者，非專限於周秦，後代諸家，亦得列入，而必以周秦爲主。』持是以求，本藏所録，非止先秦，其漢魏六朝之子書，並歷世學人校覈、注釋、研究專著，皆搜羅盡備。故子書正言，可得而理，曰：《老子》《莊子》《墨子》《子華子》《管子》《鬻子》《晏子》《鄧析子》《文子》《尹文子》《亢桑子》《惠子》《公孫龍子》《曾子》《子思子》《孔子家語》《孔叢子》《商君書》《慎子》《申子》《尸子》《鬼谷子》《孫子》《吴子》《司馬法》《尉繚子》《六韜》《三略》《素書》《關尹子》《鶡冠子》《陰符經》《荀子》《韓非子》《吕氏春秋》《新語》《新書》《淮南子》《春秋繁露》《鹽鐵論》《新序》《法言》《太玄》《桓譚新論》《白虎通》《論衡》《獨斷》《中論》《申鑒》《昌言》《傅子》《抱朴子》《金樓子》《劉子》，流别清晰，皆子學之本體。若以思想史言之，儒術本爲子學，視彼《漢志》，即以《孟子》入諸子。訖乎『五四』，儒學受挫，學者堅稱，《論語》《孟子》，亦莫非子學，故《諸子集成》以置簡首。以彼例此，《子藏》亦當録之，方可名副其實，而此二書，亦體有所適，義有攸歸焉。至於歷世校覈、注釋、研究專著，録止於民國卅八年（一九四九），而出土簡帛，其有關乎諸子者，則下限無隔。

《子藏》之纂，要義有二，一曰『全』，二曰『精』。『全』也者，即凡例合收録原則者，務必搜盡無餘，俾世之治是學者，得盡窺全豹焉。『精』也者，仿《四部叢刊》之法，版本必善，務欲精益求精，庶無貽譏於大方也。故手稿、抄本，搜輯具備，用昭册府；諸印本並存者，則較善甄擇，然後去取焉。明清以還，傳學多有眉批、圈點，皆足見讀者會心，若標點整理，或僅摘版心，縮小影印，則大失原意，此學者之所病也。《子藏》版面，設爲十六開本，原大影印，以存本真，不施點畫，以免重蹈諸叢編之失。全藏收書，約計五千。今視阮孝緒《七録》，析『子兵録』爲十一部，若『儒部』、『道部』、『法部』、『名部』、『墨部』、『雜部』、『兵部』是也；又《道藏》分『洞真』、『洞玄』、『洞神』、『太玄』、『太平』、『太清』、『正乙』諸部，佛藏亦多分部以統衆經。故《子藏》特設諸『部』，以標識各家，分攝衆子，亦利分輯刊行，士林稱便焉。並爲衆著，各製提要，按子系列，先出單行之本（較小系列作適當合併），後則彙爲總目提要。提要其備，務求準確簡要，著者生平、世次、爵里，悉爲臚列，以爲知人論世之資；簡述内容，大體先存焉；詳敘版本流變，讀者知所用力焉。

然則《子藏》之纂，廣搜博採，薈萃群籍，若渤澥納百川之流，太倉聚萬斛之粟，自有子書以來，無有如斯之富有美備，蔚然稱盛，不特册府藉資充盈，用垂久遠，凡四方治子學者，蓋不俟於遐搜之力，患乎旁稽之艱，亦可愜意饜心，足資觀覽矣。惟工程浩大，周折殊多，且是非交至，弗暇接將。然一意學術，雖千萬人，吾往矣。志意既立，則義無反顧；

兼且諸路（涉及文學、史學、哲學、文獻學等）學者之鼎力支持，四方同仁之通力合作，公私庋藏，若中國國家圖書館、中國科學院圖書館、上海圖書館、南京圖書館、北京大學圖書館、復旦大學圖書館、北京師範大學圖書館等，莫不相助，編纂遂稱順利。信乎夫子之言，德不孤，必有鄰也！

辛卯（二〇一一年）仲秋謹撰

凡例

一、依據《子藏》『求全且精』的原則，本卷收録《子華子》白文本、注釋本、校勘本及研究著作等（原則上截止於一九四九年），共四十一種，整合成精裝十六開本四册影印出版。提要另以單行本出版發行。

二、本卷所收各書，略以著者生年先後爲序。然自晚清以來，出書年代間隔不斷縮小，晚輩所著在長輩之前，所以於『略以著者生年先後爲序』原則外，亦不乏視著作出版時間作適當調整者。如本卷所收五種民國文獻，除李寶淦、黄雲眉可考知外，張諤、陸翔、張驥之生年暫無確考，姑依其著作出版時間予以排列。

三、每種書原則上收録最初刊印者，但如有後出轉精的刊本，則視具體情況而定。如有刊本與稿本或抄本並傳者，原則上皆予收録，以便讀者窺其全貌。如《子華子》最早傳本爲明正統《道藏》本，其後明清刊刻者有十多種，此外尚有清同治八年劉履芬抄本等，本卷均予以收録，以窺其流傳之序。

四、本卷所收著作，原則上都採用原書全稱。如所收僅爲某書一部分，不便於使用原書全稱者，則作適當處理。如沈津《百家類纂》、陳繼儒《藝林粹言》等書，均節選或選評《子華子》，分别酌情改稱《子華子類纂》《子華子粹言》。

五、本卷所收個别傳本卷首題『失名撰』，如清嘉慶十四年刊《墨海金壺》本、清道光中金山錢氏依《墨海金壺》刊版重輯《珠叢别録》本等，今統一作『佚名撰』。

前言

許抗生

《子藏·道家部·子華子卷》共收書四十一種，整合成精裝十六開本四册予以出版。本卷收録目前所知有關《子華子》白文本、注釋本、節選本、稿抄本及相關研究著述等，集《子華子》各種版本及研究文獻之大成。

一

今本《子華子》前附劉向《子華子書録》云：『護左都水使者、光禄大夫臣向言：所校讎中《子華子》書凡二十有四篇，以相校復重十有四篇，定著十篇，皆以殺青，書可繕寫。子華子程氏，名本，字子華，晉人也。晉自頃公失政，政在六卿，趙簡子始得志，招徠賢儁之士爲其家臣。子華子生於是時，博學能通《墳》《典》《丘》《索》，及故府傳記之書，性闓爽，善持論，不肯苟容於諸侯，聚徒著書，自號程子，名稱籍甚聞於諸侯。孔子遇諸郯，歎曰：「天下之賢士也。」簡子欲仕諸朝而不能致，乃遣使者奉纁幣聘以爲爵執圭。是時，簡子殺竇犢及舜華，孔子爲作臨河之操，子華子亦逡巡不肯起。簡子大怒，將脅之以兵，子華子去而之齊，齊景公不能用也。子華子館於晏氏，更題其書曰《子華子》。簡子卒，襄子立，子華子反於晉，時已老矣，遂不復仕以卒。』（明正統《道藏》本）《孔子家語·致思》亦載：『孔子之郯，遭程子於塗，傾蓋而語終日，甚相親，顧謂子路曰：「取束帛以贈先生。」子路屑然對曰：「由聞之：士不中閒見，女嫁無媒，君子不以交，禮也。」有間，又顧謂子路，子路又對如初，孔子曰：「由，《詩》不云乎：有美一人，清揚宛兮；邂逅相遇，適我願兮。今程子，天下賢士也。於斯不贈，則終身弗能見也。小子行之。」』據此，則子華子爲春秋末期晉國人，博學多才，不苟容於諸侯，聚徒著書，自號程子。趙簡子欲聘子華子爲卿，子華子因其殺竇犢及舜華事而躊躇不前，遂惹怒趙簡子而奔齊避難。因齊景公不用而館於晏氏，題其書曰《子華子》。

然《莊子·讓王》載：『韓、魏相與爭侵地。子華子見昭僖侯，昭僖侯有憂色。子華子曰：「今使天下書銘於君之前，書之言曰：左手攫之則右手廢，右手攫之則左手廢，然而攫之者必有天下。君能攫之乎？」昭僖侯曰：「寡人不攫也。」子華子曰：「甚善！自是觀之，兩臂重於天下也，身亦重於兩臂。韓之輕於天下亦遠矣，今之所爭者，其輕於韓又遠。君固愁身傷生以憂戚不得也！」僖侯曰：「善哉！教寡人者衆矣，未嘗得聞此言也。」子華子可謂知輕重矣。』（亦見《呂氏春秋・審爲》）韓昭僖侯即韓昭侯（《史記》作韓昭侯，《呂氏春秋》作韓昭釐侯，《韓非子》作韓昭僖侯），據《史記》所載，韓昭侯約與孟子、莊子同時，則子華子去孔子之世百有餘年。陸德明《經典釋文》引司馬彪之説云子華子爲魏人，與《莊子》所記相合。據此看來，子華子似有二人，一爲春秋末年至戰國初年曾與孔子相見之子華子，另一位則是戰國中期主張重生、貴生之子華子。

《莊子・讓王》載子華子『兩臂重於天下』之論，莊子謂其『知輕重』。《呂氏春秋・貴生》引子華子曰：『全生爲上，虧生次之，死次之，迫生爲下。』又《巫徒》曰：『王者樂其所以王，亡者亦樂其所以亡。』高誘並注云：『子華子，古之體道人。』由是觀之，子華子學説以全性保真爲主，與道家相類。劉向謂其書『以道德爲指歸，而經紀以仁義，存誠養操，不苟於售』。劉向推尊儒學，以儒而觀道，不足爲奇。

今本《子華子》，後人多疑其爲僞書。劉向在《子華子書録》中説：『今其書編離簡斷，以是門人弟子，共相綴隨記其所聞，而無次序，非子故所著之書也。』則劉向校書時所見之《子華子》已非原書。宋晁公武《郡齋讀書志》云：『觀其文辭，近世依託爲之者也。其書有「子華子爲趙簡子不悦」，又有「秦襄公方啓西戎，子華子觀政於秦」。夫秦襄之卒在春秋前，而趙簡子與孔子同時，相去幾二百年，其牴牾類如此。且多用《字説》，謬誤淺陋，殆元豐以後舉子所爲爾。』宋陳振孫《直齋書録解題》卷十云：『當出於近世能言之流，爲此以玩世爾。』明胡應麟《少室山房筆叢》卷十五云：『子華子稱程本，而前代絶無其目，蓋宋人假託玩世。』晁公武、陳振孫、胡應麟等人均認爲傳世本《子華子》爲宋世好事者依託而作，並非先秦古書。

對於今所傳《子華子》之文辭，古人亦褒貶不一。宋朱熹云：『其詞故爲艱澀，而語實淺近；其體務爲高古，而氣實輕浮；其理多取佛、老、醫、卜之言，其語多用《左傳》、班、史中字，其粉飾塗澤、俯仰態度，但如近年後生，巧於摸擬變撰者所爲，不惟決非先秦古書，亦非百十年前文字也。』（《御纂朱子全書》卷五十八）如陳振孫稱『其文不古，然亦有可觀者』。明宋濂《子華子辨》云：『其文辭極舂容，而議論煥發，略無窘澀之態。』

清《四庫全書總目》云：『諸子之書，僞本不一，然此最有理致文彩，辨其贋，則可；以其贋而廢之，則不可。』可見，即使今所傳《子華子》是僞書，亦有較高的保存和流傳價值。

二

《子華子》注本極少，明郎兆玉、清金之俊曾批點《子華子》，隨文出注，信手拈來，言簡意賅。如郎兆玉曰：『天瑞碧虛，都涉窅冥，此獨闡發陰陽歸本、一中斡運，可謂發前人未發之藴。』（卷上《陽城胥渠問》篇）金之俊曰：『説理甚精，即可由而不可知之謂也。』（卷一《陽城胥渠問》篇）此類評語多隨感而發，雖不成系統，亦有精到之處。

民國醫學家張驥有《子華子醫道篇注》一卷，以中醫理論注《子華子・北宫意問》篇。他説：『醫者，道也，非術也。子華子著《醫道》篇，不曰術，而曰道，其於理身、治國家天下，無以外是矣。然吾謂三代以上，醫以道鳴。由漢唐以至宋元之醫，以道鳴且以術鳴也。由宋元以來，則醫之以術鳴者多，而以道鳴者不數數覯也。』（《子華子醫道篇注・自敘》）張驥認爲，醫爲『道』，而非『術』。『術』治標而不治本，『道』標本兼治。他以

『道』與『術』的標準，將中醫歷史分爲三個階段：三代以上，以『道』而著稱；漢唐至宋元，『道』與『術』兼行；宋元以來，則祇以『術』行。張驥認爲：『子華子著《醫道》篇不曰術而曰道，駸駸乎與《素》《靈》爭烈矣。以之治國家、天下可也。』他注解此篇的目的是『望當世之篤志於醫者以道鳴，毋以術鳴』。張驥從中醫角度解讀此篇，認爲《子華子》此篇意在與《素問》《靈樞》一爭高下。書中不僅大量引述中醫典籍，還徵引《莊子》《文中子》等子書及文字訓詁學以證己説。由此可知，張驥不僅將《子華子》這一篇看作是醫學著作，而且將其置於古代文化大背景之下考察，以『道』論醫，自身及天下、國家兼顧，發前人所未發，確有獨到之處。

明代尚有多種《子華子》選評本，分彙評及單評兩種。彙評本以焦竑等《新鍥翰林三狀元會選子華子品彙釋評》（《新鍥翰林三狀元會選二十九子品彙釋評》內）爲代表，其書收蘇濬、汪道坤、王世貞等三十餘家評語，以明人爲主，具有較高的文獻價值。單評本有陳繼儒《子華子粹言》（《藝林粹言》內）、陳深《子華子品節》（《諸子品節》內）、陸可教選、李廷機訂《新鍥子華子玄言評苑》（《新鍥諸子玄言評苑》內）、鍾惺評選《子華子嫏嬛》（《刻鍾伯敬先生評選諸子嫏嬛》內）、鍾惺評選《子華子文歸》（《諸子文歸》

内）、陳仁錫評選《子華子奇賞》（《諸子奇賞》内）、陳仁錫輯《子華子》（《子品金函》内）等。這些評注本雖爲選注，但其所收各家評語，基本上代表了明代《子華子》研究的最高成就。

三

《子華子》十篇，《漢書·藝文志》及兩《唐書》均不著録，朱熹謂『會稽官書板本有《子華子》』（《御纂朱子全書》卷五十八），清四庫館臣云：『自宋南渡後，始刊板於會稽。』陳振孫《直齋書録解題》、晁公武《郡齋讀書志》《宋史·藝文志》均著録十卷，題晉人程本撰。傳世本《子華子》十篇有十卷本、二卷本兩種。

十卷本。今本《子華子》以篇爲卷，最早傳本爲明正統《道藏》本，此外尚有明弘治九年李瀚《新刊五子書》本、明嘉靖三十年劉禋刊本、清雍正間刊本等。

二卷本。最早傳本爲明嘉靖間刊本，與《文子》合刊。此外尚有明萬曆間《子彙》本、萬曆六年謝汝韶《二十家子書》本、萬曆二十三年歐陽清《五子書》本、萬曆三十年緜眇閣刊《先秦諸子合編》本、明刊《十子》本、明刊《合諸名家批點諸子全書》本、明刊《且且庵初箋十六子》本、明末刊《諸子褒異》本、清嘉慶間張海鵬《墨海金壺》本、清道光十三年刊《二十二子全書》本、清道光中錢熙祚刊《珠叢別録》本、清光緒間湖北崇文書局刊《子書百家》本等。二卷本係合十卷本而成。

四

《子藏·道家部·子華子卷》注重選擇不同刻本。傳世本《子華子》爲十篇，有十卷本及二卷本之别。今收得十卷本六種，如明正統《道藏》本、明嘉靖三十年劉禋刊本等；二卷本十四種，如明嘉靖間刊本、明萬曆間南京國子監刊《子彙》本、萬曆三十年緜眇閣刊《先秦諸子合編》本等。今所收各種傳本，均選擇刊刻精審者，並充分考慮到版刻流傳情況，以期展現《子華子》較爲系統的版本流傳過程。

《子華子》注本稀少，今收得明郎兆玉點評《子華子》二卷、清金之俊評閲《子華子》十卷、民國張驥《子華子醫道篇注》一卷共三種。其中，明郎兆玉評點本有明天啓間武林堂策檻刊《合諸名家批點諸子全書》本、明刊《且且庵初箋十六子》本、明刊《諸子褒異》本三種刊本，今均予收入。

《子藏·道家部·子華子卷》還注重收録各種選評本。如明黎堯卿輯《諸子纂要》、明陳繼儒選《藝林粹言》、明鍾惺評選《諸子嫏嬛》、明陳仁錫評選《子品金函》等均選録《子華子》，皆有評語，今一並收入。

對於稀見稿抄本，《子藏·道家部·子華子卷》均設法收録。如中國國家圖書館藏清同治八年劉履芬抄本、華東師範大學圖書館藏手抄本等，今皆予以收録。

二〇一三年三月

總目録

第一册

子華子十卷　周・程本撰　明正統《道藏》本……一
子華子十卷　周・程本撰　明弘治九年（1496）李瀚刊《新刊五子書》本……一一七
子華子十卷　周・程本撰　明嘉靖三十年（1551）劉稞刊本……二三七
子華子二卷　周・程本撰　明嘉靖間刊本……三六三
子華子二卷　周・程本撰　明萬曆四至五年（1576—1577）南京國子監刊《子彙》本……四六五
子華子二卷　周・程本撰　明萬曆二十三年（1595）歐陽清刊《五子書》本……五五七

第二册

子華子二卷　周·程本撰　明萬曆三十年（1602）緜眇閣刊《先秦諸子合編》本……一
子華子二卷　周·程本撰　明刊《十子》本……九九
子華子二卷　佚名撰　清嘉慶十四年（1809）刊《墨海金壺》本……一九七
子華子二卷　周·程本撰　清道光十三年（1833）王氏棠蔭館刊《二十二子全書》本……二八一
子華子二卷　佚名撰　清道光間金山錢氏據《墨海金壺》刊版重輯《珠叢別録》本……三七五
子華子二卷　佚名撰　清同治八年（1869）劉履芬抄本……四五九
子華子二卷　周·程本撰　清光緒元年（1875）湖北崇文書局刊《子書百家》本……五四一
子華子十卷　周·程本撰　舊抄本……六一三

第三册

子華子　元·陶宗儀輯　張宗祥重校　民國十六年（1927）上海商務印書館排印《説郛》本……一
子華子纂要　明·黎堯卿輯　明刊《諸子纂要》本……七
子華子　明·歸有光輯評、文震孟參訂　明天啓五年（1625）刊《諸子彙函》本……一五
子華子類纂　明·沈津撰　明隆慶元年（1567）含山縣儒學刊《百家類纂》本……六三
子華子粹言　明·陳繼儒選　明刊《藝林粹言》本……一三一
子華子品節　明·陳深撰　明萬曆間刊《諸子品節》本……一三七
子華子二卷　明·謝汝韶校　明萬曆六年（1578）吉藩崇德書院刊《二十家子書》本……一八九
新鍥翰林三狀元會選子華子品彙釋評　明·焦竑校正、翁正春參閲、朱之蕃圈點　明萬曆四十四年（1616）刊《新鍥翰林三狀元會選二十九子品彙釋評》本……二六九

子華子折衷彙錦　明・焦竑纂注、陳懿典評閲　明萬曆間金陵少岡三衢書林刊《兩翰林纂解諸子折衷彙錦》本……三〇九
新鐫子華子玄言評苑　明・陸可教選、李廷機訂　明刊《新鐫諸子玄言評苑》本……三四五
子華子　明・蓀園輯校　明萬曆三十九年（1611）刊《諸子十五種》本……三九一
子華子鄉嬛　明・鍾惺評選　明天啓五年（1625）刊《刻鍾伯敬先生評選諸子鄉嬛》本……四〇五
子華子文歸　明・鍾惺評選　明刊《諸子文歸》本……四一三
子華子奇賞一卷　明・陳仁錫評選　明天啓六年（1626）刊《諸子奇賞》本……四三一
子華子　明・陳仁錫評選　明刊《子品金函》本……五〇七
子華子二卷　明・郎兆玉點評、石九鼎參閲、郎斗金糾譌　明天啓間刊《合諸名家批點諸子全書》本……五二五

第四册

子華子二卷　明·郎兆玉點評、石九鼎參閲、郎斗金糾譌　明刊《且且庵初箋十六子》本……一
子華子二卷　明·郎兆玉點評、石九鼎參閲、郎斗金糾譌　明刊《諸子褒異》本……一一五
子華子　佚名摘抄　明藍格抄《二十一家子書摘抄》本……二三九
子華子　清·嚴可均輯　清光緒二十年（1894）刊《全上古三代秦漢三國六朝文》本……二七九
子華子十卷　清·金之俊評閲　清雍正間刊本……二八三
讀子華子　清·楊琪光撰　清光緒十一年（1885）刊《枉川全集·百子辨正》本……四六三
子華子文粹　李寶淦撰　民國六年（1917）上海商務印書館排印《諸子文粹》本……四六五
評注子華子精華　張諤撰　民國九年（1920）上海子學社石印《評注𦣻子精華》本……四八五

子華子考補證　黄雲眉撰　民國二十一年（1932）金陵大學中國文化研究所刊《古今僞書考補證》本……四九五
子華子精華　陸翔輯注　民國二十三年（1934）上海世界書局石印《四部精華》本……五〇一
子華子醫道篇注一卷　張驥撰　民國二十四年（1935）成都義生堂刊本……五一一

第一册目録

子華子十卷　周・程本撰　明正統《道藏》本……一
子華子十卷　周・程本撰　明弘治九年（1496）李瀚刊《新刊五子書》本……一一七
子華子十卷　周・程本撰　明嘉靖三十年（1551）劉裡刊本……二三七
子華子二卷　周・程本撰　明嘉靖間刊本……三六三
子華子二卷　周・程本撰　明萬曆四至五年（1576—1577）南京國子監刊《子彙》本……四六五
子華子二卷　周・程本撰　明萬曆二十三年（1595）歐陽清刊《五子書》本……五五七

周·程本撰

子華子十卷

明正統《道藏》本

子華子序

護左都水使者光祿大夫臣向言所校讎中子華子書凡二十有四篇以相校復重十有四篇定著十篇皆以殺青書可繕寫子華子程氏名本字子華晉人也晉自頃公失政政在六卿趙簡子始得志招徠賢儁之士爲其家臣子華子生於是時博學能通墳典丘索及故府傳記之書性闓爽善持論不肯苟容於諸侯聚徒著書自號程子名稱籍甚聞於諸侯孔子遇諸郯歎曰天下之賢士也簡子

顛五

欲仕諸朝而不能致乃遣使者奉纁幣聘以爲爵執圭是時簡子殺竇犢及舜華孔子爲作臨河之操子華子亦逡巡不肯起簡子大怒將脅之以兵子華子去而之齊齊景公不能用也子華子館於晏氏更題其書曰子華

子簡子卒襄子立子華子反於晉時已老矣遂不復仕以卒今其書編離簡斷以是門人弟子共相綴隨紀其所聞而無次叙非子故所著之書也大抵子華子以道德爲指歸而經紀以仁義存誠養操不苟於售唯孔子然

後知其賢齊大夫晏平仲與之爲久要之交
當時諸侯以勢相軋爭結怨連禍日以權譎
爲事子華子之言如持水納石不相讎答卒
以不遇可爲酸鼻謹目録臣向昧死上

子華子卷之一 二卷同

晉人程本著

陽城胥渠問

陽城胥渠因北宫子以見子華子曰胥渠願
有所謁也夫太初胚胎萬有權輿風轉誰轉

三三六六誰究誰使夫子聞諸故記者審矣其有以發也胥渠願承其餘子華子曰噫嘻本何足以識之請以嘗試言之而子亦嘗試而聽之夫混茫之中是名太初實生三氣上氣曰始中氣曰元下氣曰玄玄資於元元資於始始資於初太真剖割通三而爲一離之

而爲兩各有精專是名陰陽兩兩而三之數登於九而究矣是以棲三陰之正氣於風輪其專精之名曰太玄棲三陽之正氣於冰樞其專精之名曰太一太一正陽也太玄正陰

也陽之正氣其名赤陰之正氣其色黑水陽也而其伏爲陰風陰也而其發爲陽上赤下黑左青右白黄潛於中宫而五運流轉故有輪樞之象焉水涵太一之中精故能潤澤百物而行乎地中風涵太玄之中精故能動化百物而行乎天上上赤之象其宫成離下黑之象其宫成坎夫兩端之所以平者以中存乎其間故也中名未立兩端不形是以坎離獨斡乎中氣中天地而立生生萬物新新而不窮陽氣爲火火勝故冬至之日燥陰氣爲

水水勝故夏至之日濕火則上炎水則下注鳥飛而上魚動而下物類相動叕本相應孰究其所以來誰使其所以然因其然也然不然也然乎然不然乎不然吾亦不知其所以然也夫是之謂萬化原上決而成天下決而成地既已決也命之曰中決必有所合也命之曰和中和玄同萬物化生夫是之謂三三六六陽城胥渠曰微夫子之言吾幾於不靈子華子曰噫嘻本何足以識之請以嘗試言之而子亦嘗試聽之子華子曰夫道一也我

與道而爲三矣而我之百骸九竅毛髮膏澤
藏腑肝膈吹噓吸引滋液吐納無非道也自
此以往大撓甲子所不能紀也是故道立於
一而萬物之變也百事之化也散而爲萬殊
齋淪而無涯古之知道者務全其生務全其
生者不亡其所有也不亡其所有者道之守
也道之守者神之舍也是故全生者爲上虧
生者次之死次之迫斯爲下矣所謂全生者
六欲皆得其宜也所謂虧生者欲欲分得其
宜也夫虧生則於其所尊者薄矣其虧彌甚

則其尊彌薄所謂死者無有所知而復其未
生也所謂迫生者六欲莫得其宜也皆獲其
所甚惡者也辱莫大於不義不義者迫生也
故曰迫生不如死人之常情耳聞而目見也
耳聞所甚惡不如無聞目見所甚不欲不如
無見是以迅雷則掩耳恐故也所貴乎嗜梁
肉者非腐鼠之謂也所貴乎飲醪醴者非敗
酒之謂也所貴乎尊生者非迫生之謂也夫
迫生之人鞠窮而歸故曰迫斯為下矣
公仲承問於程子曰人有常言黃帝之治天

下也百神出而受職於明堂之庭帝乃采銅於首山作大爐焉鑄神鼎於山上鼎成羣龍下迎乘彼白雲至于帝鄉羣于小臣不得上升攀龍之胡力顫而絕帝之弓衰墜焉於是百姓奉之以長號故名之曰烏號之弓而藏其衣冠於橋陵信有之乎程子曰否甚矣世之好譎怪也聖人與人同類也類同則形同形同則氣同氣同則知識同矣類異則形異形異則氣異氣異則知識異矣人之所以相君長者類也相使者形也相管攝者氣也相維

持者知識也人之異於龍龍之異於鼎鼎之異於雲言之辯也惡足以相感召而實使之耶其不然也必矣世之好譎怪也吾聞之太古之聖人所以範世訓俗者有直言者有曲言者直言者直以情實也曲言者假以指喻也言之致曲則其傳也久傳久而僞則知者正之譌甚而殺亂則知者止之夫黃帝之治天下也其精微之感蕩上浮而下沉故爲百福之宗爲百福之所宗則是百神受職於庭也帝乃采銅者鍊剛質也登彼首山就高明

也作爲大爐鼓陽化也神鼎熟物之器也上水而下火二氣升降以相濟中和之實也羣龍者衆陽氣也雲者龍屬也帝鄉者靈臺之關而心術之變也帝之謂所類也形也氣也知識也雖與人同爾然而每成而每上也每

成而每上則其精微之所徹達神明之所之適其去人也遠矣羣小臣知識之所不及者也攀龍之胡有見於下也不得上升無見於上也有見於下無見於上者士也上下無見者民也弓裘衣冠者帝所以善世制俗之具

也民無見也懷其所以治我者而已矣故帝之逝也號以決其慕藏以奉其傳此假以指喻之言也而人且亟傳之以相誑欺甚矣世之好譎怪也千世之後必有人主好高而慕大以久生輕舉而爲羨慕者其左右狡詐希寵之臣又從而逢之是將甘心於黃帝之所造者矣夫人之大常生而少壯轉而爲衰老轉而爲死亡聖凡之所共也上知之所弗幸免焉者也且自故記之所傳若存而若亡大庭中黃赫胥尊盧以來所謂聖人者不一族

吾誠恐大圜之上嶢榭聯累雖處什伯不足以處也而復何所主宰臣何所使而其昏昏默默以至于今也是不然之甚者也然而世之人知者歆羡愚者矜跂甚矣世之好譎怪也夫周之九鼎禹所以圖神姦也黃帝之鑄一禹之鑄九其造爲者同而所以之適焉者頓異是可以決疑矣且世之傳疑也不惟其傳昔宋有丁氏家故無井而出溉汲焉常一日而一人居外懲其如是也鳩工而穿井于庭家相與語曰今吾乃穿井得一人矣有聞

而傳之者曰丁氏穿井而得一人也國人更
相道之語徹于宋君宋君召其人而質之丁
氏對曰自臣穿井家獲一人之力非得一人
於井也是故黃帝之鑄神鼎是井中人之譬
也知者正之是宋君召其人而質之之譬也

千世之後必有人主好高而慕大以久生輕
舉而爲羨慕者其左右狡詐希寵之臣又從
而逢之是將甘心於黃帝之所造者矣此吾
所以反之復之而不能已者也小子志之鄭
子以達于禮聞於諸侯于華子亟往從之見

鄭子焉子華子曰異乎吾所聞夫禮先王所以定之也非所以揺之也夫禮先王所以開之也非所以暴之也青黄黼黻文章之觀盡而五色渝宫徵還激生生之聲足而八音汩陸有繳罝水有網罟而飛羽伏鱗無以幸其生矣詩不云乎潛雖伏矣亦孔之昭今鄭子非徒揺之也又從暴之也鄭子而達於禮樂異乎吾所聞肅然而起導塗而歸

子華子卷之二

子華子卷之二

晉人程本著

孔子贈

子華子反自郯遭孔子於途傾蓋而顧相語終日甚相親也孔子命子路曰取束帛以贈先生子路屑然而對曰由聞之士不中間見女嫁無媒君子不以交禮也有間又顧謂子路子路又對如初孔子曰固哉由也詩不云乎有美一人清風婉兮邂逅相遇適我願兮今程子天下之賢士也於斯不贈則終身弗

能見也小子行之
子華子曰惟道無定形虛凝爲一氣散布爲萬物宇宙也者所以載道而傳焉者也萬物一也天孰知其所以起夫孰知其所以終凝者主結勇者營散一開一歛萬形相禪太古之時澹泊恬愉鹿聚而麕居其知徐徐其樂于于夫是之謂宇有無以相反也高下以相傾也盛盈衰息以相薄也庬洪蘆符以相形也由是以生由是以死由是以虧由是以成夫是之謂宙宇者情相接也宙者理相通也

是故惟道無定形虛凝爲一氣散布爲萬物
宇宙也著所以載道而傳焉者也
子華子曰夫言之所以感爲響響欲絕而感
已移意之所以將爲思思未華而事前輟何
則精神之所弗包焉故也七十九代之君法
制不一號令不齊而俱王於天下明旌善類
而誅鋤醜厲者法之正也其所以能行焉精
誠也精誠不白則無以王矣其在後世以急
刻而責怨以譌僞而課忠言非其願意非其
眞而保人之弗叛悲夫是正坐於夕室也是

白之懸而黑之募也是縱櫂於陸而發軔於川也其亦不可以幸而幾矣是以欲治之君將以有爲於是者必先正其本術定其精而不揺保其誠而弗虧夫然後出言以副情端意以明指世雖亂也俗雖汙也而曰感不效於影響者吾斯之未能信

子華子居於岑塞趙簡子將用之使使者將幣於閭曰寡大夫之使使下臣敬修不腆以勤先生之將命者子華子反幣再拜以肅使者而進之於庭又拜而授辭曰主君之民某

如獲罪戾其敢逃刑以其弗嗇之故而適抱薪纆之憂疾且有間則我請造於朝其敢重辱我主君之命使者曰寡大夫且有緒言使下臣敬致諸執事惟是晋國之寵靈願與先生共之先生不違勤而既以行請祿從者以爵執圭子華子沒階而進再拜而言曰主君之民某未有職業於朝也且有惡疾不堪君之命弗敢以與聞再拜而送使者於門反其室聚帑將行其弟子旅立而疑北宮子曰意聞之身修於私名升於公古今之通誼也主

君國之宗卿也政所自出以禮交而弗荅無乃不可乎子華子曰意吾以爾爲可以忘言也而猶有萌焉夫萌於中必旹於外其意之謂矣且彼召我者夫豈徒然哉必有以處我者矣爲人之所處者不得安其所自處矣是故古之人愼於其所以處也昔者吾友自鄭

聞語於孔子屬屬焉不忘於心孔子之所志其過人者遠矣日者主君之召也孔子轍環於河濟而弗肯以濟援琴而寫志命之曰臨河之操其辭曰河之水洋洋兮丘之不濟此

命也夫孔子之所以弗至是乃我之所以行也意吾以爾爲可忘言也而猶有萌焉夫以小人之所以察而量君子之心意爾其殆矣北宮子遂强以見趙簡子簡子聞子華子至冊拜而迎曰不穀得奉社稷之靈以撫有四封之内先君有禮所以貺賓客而交際之紀盧人實典治之吾子辱而在於弊邑有日矣以歲之不易而隷人有朝夕之虞願致戒臣方三四十里若五六十里以爲芻秣之共吾子其曲意以臨之子華子曰臣也不武年運而

往矣顛毛種種懼不任君之事以爲司敗憂也君有四圉以扞四方臣弗堪也明日子華子行食於交亭之口北宮子曰秦未有失也絕人之善意而又刮迹以去之夫子所以責人者太察矣子華子曰然非爾所及也夫秦君之志大而求遠其所以望於我者厚則吾無以堪其求矣且爾亦聞牧野之事乎周之六師壓郊而陳武王韈係解焉有五臣者將受誓事於前王顧而使之係五臣者相目而對曰臣之所以事君王非爲係韈者也王不

得已乃釋旃鉞而親係之夫人君能致其臣
能有所不爲然後可以責之以有爲人臣能
有所不爲然後能無不爲也本也末能無不
爲者也能有所不爲矣

子華子違趙趙簡子不悅燭過典廣門之左
簡子召而語之以其故燭過對曰彼庶人也
而傲侮公上法所弗寘也且無以爲國矣簡
子曰而士以兵之燭過至苓塞子華子之行
者五日矣燭過及命曰無及也簡子悔之使
使者於齊而使董安于寓書以招之子華子

稽首而來。再拜以肅使者于庭而授之辭曰

主君之亡臣某不能束脩越在諸侯以爲主

君憂臣聞明之物局於所甘士局於所守主君

之亡臣不佞而有四方之志其敢以爲執事

者之所辱夫丘陵崇而穴成於上狐貍藏矣

溪谷深而淵成於下魚鼈安矣松栢茂而陰

成於林塗之人則蔭矣主君之亡臣不佞實

有隱衷唯執事者昭明其所存如日月之升

以光燭於晉國將四海之士重繭而至以承

主君之令聞夫豈惟亡臣亡臣雖復野死以

寘溝甽其敢忘主君之賜惟執事者財幸焉
簡子得書召無恤而戒之曰燭過小人也實
使我獲罪於本吾且死汝必反之慎不忘也
襄子曰諾

子華子卷之二 頫五

十

子華子卷之三 四同卷 顛六

晉 人 程 本 著

北宮子仕

北宮子將仕於衞子華子曰意來子之所以自事其心者亦嘗有以語我乎北宮子曰意未得以卒業也以是樵蘇之弗繼糊其頤頰於人雖然謹志其所欲爲於善而違其惡也庶幾於完子華子愀然變乎容有問曰意是何言歟善奚足願而惡奚足違吾語若聖人不出天下潰潰日趨於迷欲以有已而卒於

喪也已欲以達之於人而卒於失人凡以善
故王者作興將以濯滌今世之惛慨去善其
殆可乎哉善弗去亂未艾也而又奚以善爲
北宫子曰嘻有是哉願畢其說子華子曰人
中虛圓不徑寸神明舍焉事物文滑如理亂

棼如涉驚浸一則以之怵惕一則以之忌諱
一則以之懲創是則一日之間一時之頃而
徑寸之地如炎如冰矣夫所謂神明者其若
之何而堪之神弗留則蠹明弗居則耗而又
奚以善爲古之知道者泊兮如大羹之未調

諞諞兮如將孩隨推而遷因蕩而還精白津
津若遺而復存其神明休休常與道謀去羨
去慕孰知其故今子之言曰謹志於爲善則
不善者將誰與耶違子之所惡則惡將誰歸
耶子而勿受歸而勿納刑必有忿悁之心起
而與我立敵矣以我矜顧之意而接彼忿悁
之心何爲而不鬭鬭且不止小則罵凌詬許
大則碎首穴胷夫以若之言而幸於完其幾
於殆矣北宮子曰嘻若是其甚也子華子曰
有甚哉吾語若禍之所自起亂之所由生皆

存乎欲善而違惡今天下老師先生端弁帶
而說乃以是召亂也學者相與熏沐其中局
而亦唯此之事是事禍也父以是故不慈子
以是故不孝兄以是故不友弟以是故不共
夫以是故不帥婦以是故不從君以是故不
仁臣以是故不忠大倫蠹敗人紀消亡結轍
顛六 二
以趨之而猶恐其弗及也悲夫石碏欲完其
名而殺厚公子輒欲專其國而拒蒯聵寤生
克段忽出而突入季友鴆慶父叔向誅鮒雍
糾之妻尸糾於朝莊（或作叔）仲子欲託其帑於

魯而先斃其室先君厲公一言而殺三郤華
督父并忽或作思於與夷毛舉其目尚不勝爲
數也是皆名爲求得所欲而能違所不欲者
矣然且大倫斁敗人紀消亡結轍以趨之而
猶恐其弗及也悲夫吾語若亂之所由生禍
之所自起皆存於欲善而違惡夫人之中虛
也不得其所欲則疑得其所不欲則惑疑惑
載於中虛則荆棘生矣父不疑於其子子必
孝兄不疑於其弟弟必共夫不疑於其婦婦
必貞君不疑於其臣臣必忠是還至而效者

也百事成而一事疑道必廢三人行而一人
惑議必格火道之世上下洞達而無疑志堯
舜三代之王也無意於王而天下治所循者
直道故也是以天下和平天下之所以平者
政平也政之所以平者人平也人之所以平
者心平也夫平猶權衡然加銖兩則移矣載

其所不欲其爲銖兩者倍矣故曰矜功者不
立虛願者不至非惟不足以得福而行又以
召禍故吾不悅於子之言今子亦平其所養
而直以行之何往而不得何營而不就而又

奚以善爲且善不可以有爲也堯曰若之何而善於子之事舜亦曰若之何而善於予之事是上與下爭爲善也上與下爭爲善是兩實也兩實則烏得平平不施焉則惡得直失其所以平直則堯無以爲堯矣舜無以爲舜矣吾子謹志於堯舜也而又奚以善爲北宮子之衛主於叔卓氏叔車氏有寵於衛君國人害其發而將討之北宮子喟然歎曰吾爲是違夫子之言也是以獲戾於此也吾何以衛爲致其所以爲臣而歸

晏子治阿三年毁聞於朝公不悦召而將免焉晏子辭曰臣知過矣請復之三年而舉國善之諠言四達公將致其所以賞晏子辭焉公曰何謂也晏子對曰昔者臣之所治君之所當取也而更得罪焉今者臣之所治君之所當誅也而更得賞焉非臣之情臣不願也子華子聞之曰晏子可謂直而不阿者矣晏子之辭受其可以訓矣齊之蕪也固宜夫人之常情譽同於已者助同於已者愛同於已者愛之反則憎必有所立矣助之反則擠必

有所在矣譬之反則毀必有所歸矣然而人主不之察也左右執事之臣從而得其所欲爲則不禁也世之治亂蓋常存乎兩間齊之蕪也固宜

子華子曰元者太初之中氣也天帝得之運乎無窮后土得之溥博無疆人之有元百骸統焉古之制字者知其所以然是故能固其元爲完具之完殘其所固爲寇賊之寇加法度焉爲冠冕之冠故曰殘固之謂寇毀賊則爲賊夫穿垣竇發鎬鐍其盜之細也夫

子華子卷之三

子華子卷之四

晉人程本著

虎會問

虎會以其私問於程子曰主君何如主也程

子曰昔堯舜在上塗說而巷議所不廢也是

是非非之謂士試爲吾子推言之本也不敢以古事爲考先大夫文子之志也好學而能受規諫立若不勝衣言若不出口身舉士於白屋之下者四十有六人皆能獲其赤心公家賴焉及其歿也四十有六人者皆就賓位是其無私德也夫好學知也受規諫仁也無私德焉忠也江之源出於汶山其大如甕口其流可以濫觴順沿而下控諸羣荆廣袤數千里方舟然後可以濟此無他故也所受於下流者非一壑也夫先大夫文子其訓於是

矣是以有孝德以出公族有恭德以升在位
有武德以羞為正卿用能光融於晉國顯輔
其君以主盟於諸夏天下賴其仁兵稍之不
試者垂十許年今主君懋昭其勲庸而光賁
於趙宗無以則先大夫文子是焉取則尚德
率義以弘大其光烈其將有譽於四方也乃
若范氏中行氏弗自克也而以覆其宗卿此
則主君之所知也虎會曰辯矣夫子之言顧
少進也會得間而謁諸主君庶幾其有瘳程
子曰詩不云乎王欲玉女是用大諫夫糾其

邪志而濟其所之是忠臣之所留察也吾子其勉行之矣本問之山有猛虎林樾弗除江河納汙衆流是瀦昔者秦穆公以秦之士爲不足也起蹇叔於宛迎丕豹於鄭取由余於戎拔百里奚於市用强其師以伉慧懷于斯時也晉國翦焉惟秦是從是故國以士爲筋幹不可以不察也今主君之未得志也有賓叔子者推其後而進之有舜華者挽其不及而使之當於理有吾立鵂者長布四體以爲紀綱之僕本聞之賓叔子之爲人也强毅而

有立方嚴而不對其事主也齊戒祓濯而無有回心舜華多學而强記聦其所聞不惠於古初其立論挺挺而不可以奪吾丘鳩年十有五而始以勇力聞及其壯佼也四鄰畏之能以人投人以車投車其視太行之險猶之

步仞之丘此三臣者舉晉國之選也主君之所與懋昭其庸而光賁于趙宗者也公室六分河山之間龜拆而鼎立范氏中行氏不庇其社而頹其宗主君之所不刋則繫此三臣之助令無故而戮叔子矣又斃舜華於野以

罪名不聞於國人吾丘鴆恐焉畏粮而之於
他國主君其未之思耶何其首尾之剌戾也
如是則主君之所以遠於大競者也吾子主
君之信臣也夫人誰無過過而能改心焉聖
人之所畏也今吾子能弗憚煩而以其耿耿
之思務以箴主君之闕遺將國人是賴吾子
其勉行之矣
子華子見齊景公公問所以爲國奈何而治
子華子對曰臣愚以爲國不足爲也事不足
治也有意於爲則狹矣有意於治則陋矣夫

有國者有大物也所以持之者大矣狹且陋
者果不足以有爲也臣愚以爲國不足爲也
事不足治也公曰然則國不可以爲矣乎子
華子曰非然也臣之所治者道也道之爲治
厚而不博敬守其一正性內足羣衆不周而

務成一能盡能旣成四境以平唯彼天符不
周而同此神農氏之所以長也堯舜氏之所
以章也夏后氏之所以勤也夫人主自智而
愚人自巧而拙人若此則愚拙者請矣巧智
者詔矣詔多則請者加多矣請者加多則是

無不請也主雖巧智未無不知也以未無無不知應無不請其道固窮爲人主而數窮於其下將何以君人乎窮而不知其窮又將自以爲多夫是之謂重塞之國上有諱言之君下有苟且之俗其禍起於欲爲也其禍起於願治也夫有欲爲願治之心而獲重塞之禍是以臣愚以爲國不足爲也事不足治也昔者有道之世因而不爲責而不詔去想去意靜虛以待不伐之言不奪之事循名覈實官使其司以不知爲道以奈何爲寶神農曰若何

而和百物調三光堯曰若何而爲日月之所
燭舜曰若何而服四荒之外禹曰若何而治
青北九陽奇怪之所際是故此王者天下以
爲功後世以爲能以故記之所道而君之所
知也臣戇而不知方始而至於朝也竊有疑

焉齊之所以爲齊者抑以異矣鐘鼓柷圉日
以拡考而和聲不聞司空之刀鋸斷斷如也
而罪呂滋長諸侯之賓容胥其唇吻而爭進
諛言左右在廷之人主爲蔽蒙僮夫豎隸曉
然皆知公上之有惱心也造爲謌謠以蠱君

心君曾不之知也冕旒清晨位宁以聽怒焉以古人自耦君之心則泰矣夫其誰而顧肯以其一介之鄙試嘗君之嗜好而以干其不測之禍臣戇而不知方始而至於朝也竊有疑焉夷考所由來以君之心勝故也心勝則

道不集矣羣臣之不肖者又隨而揚之故其弊目以深其固如性而君曾不之知也夫以君之明疏瀹其所底滯而開之以鄉道夫孰能禦之抑臣聞之萬物之變也萬事之化也不可爲也不可究也因其然而推之則無不

得其要者矣故臣愚以爲國不足爲也事不足治也公曰洋洋乎而之所以言吾欲以有說而無所措吾辭而之道博大而無倪吾所不能爲也嘗曰有以拂吾之陋心子華子退而食於晏氏

子華子往見季沈季沈曰自吾從於夫子也轍迹不遺於四國未有終歲以處也夫子亦勤且病矣哀也鄙人不通於夫子之量天下失道黒白溷溷而吾夫子攜其說將安之哀將有以請而弗敢也願質之於吾子子華子

曰然仲尼天也其可違物而莫處乎其可絕物而自營乎日月不宇宙四指必迷所鄉矣仲尼人之準繩也仲尼之轍迹則病矣而亦皇暇之恤季沈曰敢問吾子之不試何也子華子曰本也何足以望夫子夫子軫方而轂圓者也將無乎而不可我則有所可也夫以我之所可而從夫子之無乎不可逝將從其後也

子華子卷之四

子華子卷之五 六同卷 顛七

晉人程本著

晏子

子華子謂晏子曰天地之間有所謂隱戮者而莫之或知知之者其幾於道乎晏子曰何謂也子華子曰天地之生才也實難其有以生也必有所用也如之何其將擁之蔽之而使之不得以植立也天地之所大忌也日月之所燭燎也陰陽之所杌移也鬼神之所伺察也是以帝王之典進賢者受上賞不薦士

者罰及其身善善而惡惡其實皆衍于後嘗
試觀之夫物之有材者其精華之蘊神明之
所固護而祕惜不可以知力窺也蒙金以沙
圖玉以璞珠之所生漩栢之淵而隈澳之下
也豫章楩柟之可以大斲者必在夫大山穹

谷嶄頽嶇峿之區抉剔之掎摭之剝削之苟
不中於程度則有虎狼蛟鼉虺蜴之變雷霆
崩墜覆壓之虞何以故天地之生才也實難
其有以生也必有所用也如之何其將擁之
蔽之而使之不得以植立是之謂違天而黷

明違天而黷明神則殛之雖大必折雖炎必撲荒落而類圮敗而族夫是之謂隱戮隱戮也者陰騭之反也如以匙勘鑰也如以璽印塗也必以其類其應如響晏子曰駭乎哉吾子之言也嬰也頹遂其所以聞子華子曰大夫無甚怪於余之所以言也余之所以言其有以云也令夫人之常情爲惡其毀也成惡其虧也於其所愛焉者則必有恪固之心恪固之心萌於中虛卒然而攻其所甚愛則必曹起而爭爭而不得則必氣沮而志奪氣沮

而志奪則拂然而怒塡乎膺拂然而怒塡乎膺則將無與爲敵者矣天地之所以生材也甚愛之甚惜之則其所以有恪固之心曾何以異夫人之常情世之人莫之或知也徒恃其胷腹之私與其狡譎變詐之數翕翕而詵

詵巧觝而深排規以幸人不已勝也夫人之勝人也何有天地之鑒也神明之照也甚可畏也甚可怖也如使之氣沮而志奪拂然而怒以充塞乎兩間偏倶厖饜聚而爲陰陽之罰其中於人也必慘矣是必至之勢而無足

經怪者悲夫世之人莫之或知知之者其幾
於道矣本也晉國之鄙人也嘗得故記之所
道者矣昔先大夫欒武子之在位也夙夜靖
共矯枉而惠直不忘其職守而以從其君厥
有顯聞布在諸侯之册書逮其嗣主則不然
弗類于厥心放命以自賢怙寵專權翦棄人
士圖以封殖于厥躬國人疾視之如目有眯
焉日移其志以速厥罰欒氏以亡昔先大夫
隨武子之在位也明睿以博識晉國之雋老
也然且惛焉而不自居惟曰余有所不見惟

曰余有所不知惟曰余有所不聞暝有所志
旦而升諸公是以晉國之士無遺其材者用
能光融昭著以有立於朝父子兄弟以世及
也而爲晉宗卿逮其嗣主則不然囂囂自肅
而巧持其非心毀本塞原甚於虺目惟諛佞

之小夫是暱是用絜然知者遠之洒然善者
伏藏以在下日移其志以速厥罪范氏以亡
昔先大夫中行文子之在位也拔識俊良振
其滯淹人之有技能如出于厥躬恪謹弗解
惟力是視是以能相其君以尋盟諸侯逮其

嗣主以苛爲察以欺爲明以刻爲忠以計多
爲善以聚歛爲良崩角摘齒恐人之軋己也
門如閙市惟利是視憸人乘間而會逢其惡
極其回邪如鬼如蜮日移其志以速厥罰中
行氏以亡凡此三主者晉國之世臣也所謂
崇蘊穹窿而不遷之宗也而又其先大夫皆
有玄德以媚于上下神祗其在嗣主荒墜厥
訓用以覆宗滅緒餒其先靈而不得以血食
于晉國無他故也恃其盛强昌庶而蔑棄於
理憑人而勝天藏怙於中而以之違天地之

所恪固是以其酷如是也而况於單族後門之士竊人之爵祿而邀覬於一時之幸虛惕而恫疑且懼人之出於其上也疑似之迹未明同異之志未講而壅之蔽之使之不得以植立也則其得禍也必有深於晉之三王者矣夫築垣墉者務其高而不務其實高不隱仞而基傾之矣以兩手而揜人之聰明自以爲得也而不知其聾瞽之疾已移於己也悲夫夫豈不爲之大哀矣乎晏子曰駁哉乎言也微吾子嬰無所聞之嬰也請刻諸佩觿以

志其不忘也
晏子問於子華子曰齊之公室懼卑奈何子華子曰夫人之有欲也天必隨之齊將卑是求夫何懼而不獲昔者軒轅二十五宗故黃祚衍于天下于今未忘也宗周之王也姬姓之封者凡七十夫指之不能率其臂猶臂之不能運其體也今齊自襄桓以來斬斬焉朝無公姓野無公田帶甲橫兵挾轂而能戰非公士也結綬纚纚位列而籍居非公臣也公族之子若其孫散而之於四方惟童隸是伍

公所以與俱者自有肺腸者也於詩有之豈
無他人不如我同姓何以是踽踽而以臨於
人上也齊將畢是求夫何懼而不獲令之入
分財賄而設鉤策焉非以夫鉤策者爲能均
也使善惡多寡無所歸其怨也是以聖人窮
造物以爲識量然且龜卜蓍筮以爲決所以
立言於公也聲出而應律身出而協度然且
權量尺石以爲器所以立正於公也義適而
理訓舉天下無敢以容其議然且書契章程
以爲式所以立信於公也德澤汪濊威制宏

遠盡四海之大無不面納然且法制禮籍以爲準所以立義於公也今齊則不然所以爲國舉出於私矣非止乎此而已也而又公歛其怨私受其福矣公賓其名私享其實矣齊之亡於公室也非一日也故齊將畢是求夫何懼而不獲

子華子曰昔先王之制法也有本衍焉有末度焉因而弗作守而弗爲去羨去慕與四時分其敘與寒暑一其度不言而民以之化不令而民以之服是以能因則大矣能守則固

矣夫有心於作法之細也作而刻其眞法之原也法也者制世之麤迹也而且不可以容心焉而況於營道術乎於傳有之循道理之數而以輔萬物之自然六合不足均也七十九代之君其爲法不同而俱王於天下用此道也

子華子卷之五

子華子卷之六

晉人程本著

晏子問黨

晏子見於子華子曰日者嬰得見於公公惡夫羣臣之有黨也曰子將何方以弭之嬰無以應也吾子幸教以所不逮虛心以承子華子曰嘻君之及此言也齊其殆矣乎游士之所以不立於君之朝以黨敗之也人主甚惡其黨則左右執事之臣有以藉口矣夫左右執事之臣其託寵也深其植根幹也固皆誕

死黨之交布散離立聯累羅絡而爲之䟽苟非其人也則小有異焉者不得以參處乎其中間也士以潔廉而自好者夫孰肯舍其昭昭以從人之昏昏洒焉若將有浼焉必不容矣是以左右執事之臣因其儕而隮之曰黨人也人君曾不是察隨其所甚惡而甘心焉於是有流放戮辱之事夫士之自好者削跡斂掾足以自庇而一簞之食足以糊口其孰肯以不貲之軀而投人主之所必怒者耶嘻君之及此言也齊其殆矣乎小人之始至於

齊也小異者不容而已矣今則疑似者削跡矣小人之始至於齊也媕婀脂韋者未必御也今則服冕而乘軒者矣小人之至於齊爲日未數數也而其變更如此齊其未艾也人君曾不是察而左右執事之臣又原君之所甚惡因以隨游士之脩舉齊之朝將化而爲私人矣日往而月易築壇級於公宮而君不得知也嘻君之及此言也齊其殆矣乎

子華子謂晏子曰夫治有象大夫亦嘗聞之矣乎晏子曰嬰願聞之於吾子矣子華子曰

治古之時其君之志也端以有脩其臣同德
比義而無有異心朝無幸位事無失業其四
野之外耒耜從其宜溝畎以其便其民顒而
從法蹟而弗失上下翦翦惟其君之聽盭氣
伏息災疫不作四鄰寢兵而珪玉纁幣以承

其權此非治象而云何今齊之正言不聞聰
明不開朝蒂而不除野荒而荐饑其去治象
也遠矣無等級以寄言者矣本闇之下無言
謂之瘖上無聞謂之聾聾瘖之朝上有放志
而下多忌諱齊之謂也且合升勺龠合以登

之斛廩則成矣太山之高非一石之積也鄉
鄉之東渤澥稽天非一水之鍾也所以治國
家天下者非一士之言也今齊之執事者其
悖矣乎墨以爲明狐而爲蒼以一爲二以二
爲三公不能禁也植黨與而護其所同忌前
而排孤婾婀脂韋者日至於君之前固寵而
恃便公不能禁也猶之買馬者然不論其足
力而以色物毛澤而爲儀則廐無走馬矣猶之
售玉者然不論其廉貞温粹而無瑕者而以
大小徑廣爲儀則篋無連城矣惟士亦然論

士不以其才而以勢地爲儀則伊尹仲父不立於朝矣且齊之爲國也表海而負嵎輪廣隈澳其塗之所出四通而八達游士之所湊也今齊君之所習而狎者非鮑國之私人則崔田之黨也游士無所植其足矣游士無所植其足則憑軾結轍而違之夫游士之所以去則治象之所以不存也本閒之窮鄉下里其爲叢祠也不過於卮酒而豚肉蕪國之社不難於請福今齊之蕉萃也甚矣所欲以爲治者不牢於古之人而功則畧具矣夫子之

於齊君也朝夕進見而猶固惜自愛也獨不出其磬欬而規以振起之夫子之仁心抑已褊矣晏子曰善微吾子嬰無所聞之嬰之於君犬彘之臣也吾子之言之也嬰則有罪矣晏子問於子華子曰聖人尚儉於傳有之乎子華子曰有之夫儉聖人之寶也所以御世之具也三皇五帝之所留察也晏子曰嬰聞之堯不以土階爲陋而有虞氏怵戒於塗縣其尚儉之謂歟子華子曰何哉大夫之所謂儉者夫儉在內不在外也儉在我不在物也心

居中虛以治五官精氣動薄神化回濇嗇其所以出而謹節其所受然後神宇泰定而精不搖其格物也明其遇事也剛此之謂儉而聖人之所寶也所以御世之具也三皇五帝之所留察也何哉大夫之所謂儉者夫視入以爲出庾氏之職業也操嬴而制餘商賈子之所爲也中人之家計口然後食閭里之志也乃若天子者大宮也有天下者大器也臨萬品御萬民窮天之産罄地之毛無有不共無有不備此則古今常尊之執也柰何而以

閭里之所志商賈子之所爲庾氏之職業仰
而議夫堯舜之量哉此腐儒之所守而汙俗
之所以相欺者也土階塗縣之說野人之所
稱道而於傳所不傳者也本聞之堯居於衢
室之宮垂衣而襞幅邃如神明之居輯五瑞

以見羣后帶幅舄而入覲者如衆星之拱北
堯則若固有之也舜遊於巖廊之上被袗衣
而鼓五絃之琴畫日月於太常備十有二章
黼黻玄黃爛如也出則有鸞和動則有珮環
步趨中於莖韶之節舜亦若固有之也夫堯

舜之備物也如此而惡有所謂土階三尺茅茨不翦者惡有所謂塗髹以自怵戒者此腐儒之所守而汙俗之所以相欺者也故記所不道也桀紂之亡天下也以不仁而不以奢也戒奢者有禮存焉禮之所存可約則殺可豐則腆豈有覽四海之賦受九畡之經入而土階以居欲以塗髹而不敢也其不然也必矣且先王之制也攺玉則攺行旂旒冕璪以示登降之品令汙世人不通於禮也處尊而偪賤居大而侵小夫以至公之尊而圉隸以

自奉難爲其下矣不惟以陋於厥躬也而又旁無以施其族黨上不豐其宗祧曰吾以是爲儉也不亦夷貊之人矣乎晏子曰善微吾子嬰無所之聞也終不敢以論約

子華子卷之六

子華子卷之七 八同卷　顛八

晉人程本著

執中

子華子曰聖人貴中君子守中中之爲道也幾矣寓中六指中存乎其間兩端之建而中不廢也是故中則不既矣小人恣睢好盡物之情而極其執其受禍也必酷矣何以言之朱明長贏不能盡其所以爲溫也必隨之以揫斂之氣而爲秋玄武沍陰不能盡其所以寒也必隨之以敷榮之氣而爲春孰爲此者

天也天且不可以盡而況於人乎是故誠能由於中矣一左一右雖過於中也而在中之庭一前一却雖不及於中也而在中之皇及小人好盡則遠於中矣遠於中則必窘於邊幅而裂矣必觸於巖牆而僵矣必墜於阬塹

而亡矣如以石而投之於淵也不極則不止矣悲夫天道惡盡而昧者不之知也古之君子齊戒以滌其心奉之而不敢失者其中之謂歟天地覆壓中不磨也陰陽并交中不渝也五色玄黄亂於前中不失也悲夫世之小

人快其志於俄頃之久而促失其所以爲中
也危國喪身而不早悟也惟其惻然而以中
怛之怛之而不早悟也是之謂下愚而不可
動化者也子華子曰天之精氣其大數常出
三而入一其在人呼則出也吸則入也是故
一之謂專二之謂耦三之謂化專者才也耦
者幹也化者神也凡精氣以三成三者成數矣
宓犧軒轅所柄以計者也赫胥大庭惝怳如
有所遺者也故曰出於一立於兩成於三連
山以之而呈形歸藏以之而御氣大易以之

而立數也子華子曰道之所載四出拓或作坦宕
有足者斯踐之矣夫何故平故也恢潏濛澒
而無不容一與二二與三吾不知其攸然而
同謂之平夫何故虛故也惟虛爲能集道惟
平爲能載道無所於閡無所於忤虛之至也

左不偏於左右不偏於右無作好也無作惡
也如懸衡者然平之至也心胷之兩間其容
幾何然則歷陸嶔嶇太行鴈門橫塞之靈臺
之關勺水之不通而奚以有容嗜欲炎之好
憎冰之炎與冰交戰焉則必兩相傷者矣是

故華四擴則裂胃中滿則充薄氣發喑惴怖作狂積憂損心心氣乃焦故曰一虛一平而道自生一平一虛而道自居

子華子曰王者樂其所以王亡者亦樂其所以亡故烹獸不足以盡獸嗜其脯則幾矣王者有嗜于理義也亡者亦有嗜乎暴慢也所嗜不同故其禍福亦不同也子華子曰生者死之對有者無之反庳者隆之因虧者成之漸大道無形無數無名無體以無體故無有生死以無名故無有有無以無數故無有隆庳

以無形故無有成虧既已域於四象者矣完不能無毀也是以韋華雖柔擴之則裂礦石雖堅攻之則碎剛柔重輕大小長短雖不同也同於一盡故古之制字字爲之破而文亦如之

子華子曰周天之日爲三百有六十閲月之時爲數三百有六十天地之大數不過乎此五方之物其爲數亦如之鱗蟲三百有六十震宮蒼龍爲之長羽蟲三百有六十離宮朱鳥爲之長毛蟲三百有六十兌宮麒麟爲之

長介蟲三百有六十坎宮伏龜爲之長倮蟲三百有六十盈宇宙之間人爲之長一人之身爲骨凡三百有六十精液之所朝夕也氣息之所吐吸也心意知慮之所識也手足之所運動而指股之所信屈也皆與天地之大數通體而爲一故曰天地之間人爲貴

子華子曰撞鈞石之鐘六樂合奏於庭所以寫樂也而隱憂者臨之而逾悲不主乎樂故也鬱摇而行歌促絃而急彈所以寫憂也而安恬者得之而逾歡不主於憂故也然則憂

樂在外也所以主之者內也內之所感赭蒼互色東西貿區而昧者則不之知也故曰觀流水者與水俱流其目運而心逝者歟

子華子曰渾淪鴻濛道之所以爲宗也徧覆包涵天之所以爲大也昭明顯融帝之所以爲功也道無依阿天無從違帝無決擇然則心烏乎而宅道心天也天心帝也帝心人也人之心莫隱乎慈莫便乎恕赤子匍匐使我心惻隱於慈故也陵波而先濟跂而望乎後之人便於恕故也此心之弗失焉可以事帝

矣可以格天矣可以入道矣此心之弗存焉
道之所去也天之所違也帝之所誅也古之
制字者此茲爲慈如是爲怨非其心也則失
類而悲是以挾道理以御人羣者肅詎而忽
諸

子華子曰凡物之有所由者事之所以相因
也理之所以相然也軸之軸車由所以相運
也細之細思（或作絲）由是以相屬也姓伷之由
族由是以有分也橘柚之柚味甴是以有別
也宇宙之宙理由是以有傳也禾之油油穀

由是以登也雲之油油雨由是以降也憂心有妯心由是以動也左旋右抽軍由是以止也故凡物之有所由者事之所以相因也理之所以相然者也

子華子卷之七

子華子卷之八

晉　人　程　本　著

大道

子華子曰大道有源其源甚真名曰空洞空洞無有是生三元三元之功同立於玄縱而

守之是謂三極衡而施之是謂三紀上下貫焉是謂三才一之所成萬紀以生一之所綱萬有以藏是故空者無不備之謂也洞者無不容之謂也大道之源其源甚眞無物不稟無物不受無物不度廣盡於無眇細淪於無閒付畀稟受而不加貧醻酢應對而不加費故曰通於一萬事畢此之謂也

子華子曰仰而視之玄在焉俛而察之玄在焉旁行而四達玄在焉迎而望之玄參乎其前也握足窘行去而違之玄瞠乎其後也是

故玄無所不在也人能守玄玄則守之不能守玄玄則舍之

子華子曰火宿於心炎上而排下其神躁而無準人之慕急以取禍者心使之也木宿於肝觸突干抵而銳其神狷束而無當人之樸戇以取禍者肝使之也金宿於肺硜訇而不屈壓而不能仰也其神闊踈而無法人之許決以取禍者肺使之也水宿於腎瑟縮以湊險其神伏而不發人之媕婀脂韋以取禍者腎使之也土宿於脾磅礴而不盡其滲漉也

下注而不止其神好大而無功人之重遲澀
訥以取禍者脾使之也火氣之喜明也木氣
之喜達也金氣之喜辨也水之氣藏也土之
氣發生也是故事心者宜以孝事肝者宜以
仁事肺者宜以義事腎者宜以知事脾者宜
以誠實而不詐五物宿於其所喜五事宜施
其所宜外邪之不入內究之不泄夫是之謂
善完

子華子曰甚矣世之人注其目於視也目奚
足信今有美麗佼好之人人之所同悅也然

而蒙之以供首則見之者棄之而走更衣之
以輕紈阿裼焉則向之走者留行矣甚矣世
之人注其目於視也目奚足信
周舍見子華子曰舍聞之身修而名不立無
爲於擇術矣庶羞百品雜進於盤几而咽不
下無爲於貴饌矣抱璧而徒乞無爲於貴寶
矣敢問之所以志子華子曰然釜鬲之於量
也不能以容於所不受尋墨之於度也不能
以及其所不至鈞天廣奏飛鳥過而不止崇
搕繢拱猱狖逃焉且員動而方息所性不同

頡八　六

也火炎而水流習使之然也今以大夫之所
處而議本之所以志必不諧矣無以則有一
焉而願因以有獻也夫六虛有精純粹美之
氣而不敢以傳焉託於物以寫其響流形於
萬有而不敢以有爲試嘗論其微矣佼麗之
苦窳也而醜則堅牢華壁之易以碎也而金
鐵則難陶甚矣物之不可以全也如是是不
可以一方取也是不可以一伎爲也惟知道
者幾幾乎其能全今大夫少脩而端慤壯長
伉以有立方將揭其昭明焉而以爲人之的

其犯難也果其量物也徧而又且徑往而直
前矯拂人之所不欲而規以自立甚無所用
之虛名此非本之所得知也夫目之明能見
於百步之外而顧不見其背也惟墻之後則
無睹也無以則有一焉而顧因以有獻也

顛八 七

子華子曰萬物玄同孰是而孰非孰知其初
孰知其終吾無得其所以然也命之曰一一
者衆有之宗也道得之謂之太一天得之謂
之天一帝得之謂之帝一帝一也者立乎環
中扣其響而不得也味其臭而不得也渾渾

兮如有容泊兮如未始出其宗茫茫兮如無所終窮天一也者爲而不宰成而不有機之所由以出焉機之所由以入焉太一也者無不有家能化一以爲二化二以爲三因三以成萬物故曰一之變大矣在三而三在九而九有萬不同而管于一術通乎一術無一之不知昧乎一術無一之能知是故音聲顔色臭味之數不過於五五者立於一一立而萬物生矣

子華子曰寒濕温燥晦明之變則大矣形怛

乎化則涸而其形無盡喜怒哀樂思懼之化
則備矣神經乎變則涸而其形有餘正氣之
在人也上下灌注如環之無端莫知其紀極
也不可以爲量也是能使其神之所澤欎欎
勃勃而不可屈是能使其形之所宅完固靜
專而不可撓是故能通於養氣之術者不可
以不務白也且氣不勝邪攻之矣攻之而不
已則氣必挫挫之而不已則向於消亡矣正
氣漸盡邪術壯長心傷於中而色澤外變神
去其餘而死矣是以古之知道者築壘以防

邪疏源以毓眞深居靜處不爲物攖動息出入而與神氣偎蒐魄守戒謹窒其兑專一不分眞氣乃存上下灌注氣乃流通如水之流如日月之行而不休陰營其藏陽固其府源流泏泏滿而不溢沖而不盈夫是之謂久生

子華子曰人之性其猶水然水之源本甚潔而無有褻穢其所以湛之者久則不能以無易也易而不能反其本初則還復疑於自性者矣是故方圓曲折湛於所遇而形易矣青黄赤白湛於所受而色易矣砰訇淙射湛於

所閡而響易矣洄洑潋溶湛於其所以容而
態易矣醎淡芳臭湛於其所以染而味易矣
凡此五易者非水性也而水之所以爲性者
則然矣是故古之君子愼其所以湛之
子華子曰天地之大數莫過乎五莫中乎五
五居中宮以制萬品胃之實也沖氣之守也
中之所以起也中之所以止也龜筮之所以
靈也神響之所以豐融也通乎此則條達而
無礙者矣是以二與四抱九而上躋也六與
八蹈一而下沉也戴九而履一據三而持七

五居中宮數之所由生一從一橫數之所由成故曰天地之大數莫過乎五莫中乎五通乎此則條達而無礙者矣

子華子卷之八

子華子卷之九 十同卷

晉人程本著

北宮意問

北宮意問曰上古之世天不愛其寶是以日月淑清而揚光五星循晷而不失其次鳳凰至蓍龜兆甘露下竹實滿流黃出朱草生敢問何所修爲而至於是也子華子曰異乎吾所聞夫禎祥瑞應之物有之足以備其數無之不缺於治也聖王不識也君子不道也治世所無有也上古之世居有以虛宰多以少

顛九

所以同於人者用舍也所以異於人者神明也神明之運其由也甚微其效也甚徑與變相蕩遷與化相推移陰陽不能更四序不能虧洞於纖微之域通於恍惚之庭挹之而不沖注之而不滿彼其視鳳凰麒麟也豢牢之

養爾彼其視醴液甘露也甽澮之寫爾彼其視芝房竹實凡草木之異者畦圃之毓爾彼其視玉石瓌怪凡種種之族者篋襲之藏爾故曰聖王不識也君子不道也治世所無有也昔者有虞氏彈五絃之琴以歌南風之詩

而光被四表格于上下周公之佐成王也希
膳不徹於前鐘鼓不解於懸而歌雍詠勺六
服承德凡禎祥瑞應之物有之足以備其數
無之不缺於治聖王已沒天下大亂父子質
生君臣失紀未有甚於今日也然且日月星
辰衡陳於上與治世同焉而已矣故曰天道
遠人道邇待蓍龜而襲吉福之末也顛躓望
拜而謁焉其待則薄矣故聖王不識也君子
不道也治世所無有也吾恐後世之人主方
且睢睢盱盱唯此之事而爲人臣者巧詐誕

請以容悅於其君舍其所當治而責成於天借或氣然而數繆也忽有鍾其變者色澤狀貌非耳目之所屬也於是奉以爲祥君臣動色士庶華聽以至作爲聲歌而薦之於郊廟錯采繢畫而以夸諸其臣民奄然以爲後世

莫我之如也彼其却數於上世其所謂豢牢之養也甽澮之寫也畦圃之毓也箧襲之藏也章章焉如日星之在上也乃始矜跂而以爲希有之事夷世而不可以幸冀者也甚矣其亦弗該於帝王之量者矣

子華子居於苓北宮意公仲承侍縱言而及於醫子華子曰醫者理也理者意也藥者瀹也瀹者養也腑藏之伏也血氣之留也空竅之塞也關鬲之礙也意其所未然也意其所將然也察於四然者而謹訓於理夫是之謂醫以其所有餘也而養其所乏也以其所益多也而養其所損也反其所養則益者彌損矣反其所養則有餘者彌乏矣察於二反者而加疏瀹焉夫是之謂藥故曰醫者理也理者意也藥者瀹也瀹者養也北宮意曰正惟

是世俗之醫所不能爲也雖然意闇之也有
所資於意不如無意之爲愈也有所待於養
不如無待之爲愈也敢問人有精神也其升
降上下與晝夜相通也與天地相灌注也其
爲種凡有幾子華子曰意善哉而之問也觸

顏九　三

類以演之進乎此則與知道者謀矣吾次其
所以學也而擇取之矣夫天降一氣則五氣
隨之寄備於陰陽合氣而成體故有太陽有
少陽有太陰有少陰陰中有陽陽中有陰故
陽中之陽者火是也陰中之陰者水是也陽

中之陰者木是也陰中之陽者金是也土居二氣之中間以治四維在陰而陰在陽而陽故物非土不成人非土不生北方陰極而生寒寒生水南方陽極而生熱熱生火東方陽動以散而生風風生木西方陰止以收而生燥燥生金中央陰陽交而生濕濕生土是故天地之間六合之内不離於五人亦如之血氣和合榮衛流暢五藏成就神氣舍心魂氣畢具然後成人是故五藏六腑各有神主精亶於金火氣諧於水木精氣之合是生十物

精神魂魄心意志思智慮是也生之所自謂之精兩精相薄謂之神隨神往反謂之魂並精出入謂之魄所以格物謂之心心有所憶謂之意意之所存謂之志志之所造謂之思思而有所顧慕謂之慮慮而有所決釋謂之智夫於智十累之上也至於智則知所以持矣知所以持則知所以養矣榮衛之行無失厥常六腑化穀津液布陽故能久長而不弊流水之不腐以其逝故也戶樞之不蠹以其運故也是以精上則滯神惛則伏魂拘則沉

魄散則耗心枝則惑志鬱則陷意營則冒思
淀則殆慮殫則蒙智礙則愚故所謂持者持
此者也所謂養者養此者也意善哉而知問
也觸類以演之進乎此則與之道者謀矣公
仲子曰夫子之言也而之問也承也得所未

顥九　四

之嘗聞如發蔀焉願夫子益其說而稽徵其
所以解也子華子曰然言固不可以一而足
也夫心也五六之主也精神之舍也心之精
爲火其氣爲離其色赤其狀如覆蓮其神爲
朱鳥其竅上通於舌肝之精爲木其氣爲震

其色青其狀如懸瓠其神爲蒼龍其竅上通
於目肺之精爲金其氣爲兑其色白其狀如
懸磬其神爲伏虎其竅上通於鼻腎之精爲
水其氣爲坎其色黑其狀如介石其神爲玄
龜其竅上通於耳脾之精爲土其氣爲戊己
其色黄其狀如覆盆其神爲鳳凰其竅上通
於口是故脾腎心肝肺五官之司口舌鼻耳
目五官之候脾之藏意腎之藏精心之藏神肝
之藏寬肺之藏魄金木水火土五精之總也寒
熱風燥濕五氣之聚也水以潤之火以熯之土以

溽之木以敷之金以歛之此以其性言也水之冽也火之炎也土之蒸也木之温也金之清也此以其氣言也水在下火在上土在中木在左金在右此以其位言也水之平也火之銳也土之圜也木之曲直也金之方也此

以其形言也水則因火則革土則化木則變金則從革此以其材言也水井湓也火爨治也木金器械也土爰稼穡也此以其事言也夫盈於天地之間而充物者惟此五物也凡五物之有不可無也其所無不可有也微者

養之使章弱者養之使強損者養之使益不足者養之使有餘無物不養也無物不備也夫是之謂和喜怒哀恐思不能汨也視聽言貌思不能奪也夫是之謂大和之國無待於意而爲醫大和之俗無得於養而爲藥不以物滑和不以欲亂情中無載則道集於虛矣心無累則道載於平矣安平恬愉吐故納新靜與陰同閉動與陽俱開若是者由人而之天合於太初之三氣矣以之正心修身治國家天下無以易於此術也吾之說盡於此矣

二子拱而退書以識之

子華子卷之九

子華子卷之十

晉人程本著

神氣

子華子曰古之至人探幾而鉤深與天通心清明在躬與帝同功是以進爲而在上則至

精之感流通而無礙以上行而際浮以下行
而極憂以旁行而塞於四表不言而從化不
召而效證以其所以感之者內也伏羲神農
之世其民童蒙瞑瞑蹎蹎不知所以然而然
是以水年黃帝堯舜之世其民樸以有立職
頗九 六
職植植而弗鄙帶夭是以難老末世之俗則
不然煩稱文辭而實不效知譎相誕而情不
應蓋先霜霰以戒裘盧者矣機括存乎中流
羣有詐心者族攻之於外是以父哭其子兄
喪其弟長短頡頏百疾俱作時方疫癘道有

繈負盲禿狂傴萬怪以生所以然者氣之所
感故也夫神氣之所以動可謂微矣日月薄
食虹蜺晝見五緯相凌四時相乘水竭山崩
宵光晝冥石言大痾夏霜冬雷繆盭之族諸
禍之物不約而總至所以然者氣之所成故
也夫神氣之所以動可謂微矣故曰天之與
人其有以相通此之謂也

留務茲從子華子游者十有二年目相屬而
言不接也業成而辭歸將隱居於五源之溪
子華子曰天下之物有甚滑稽而難持者女

知之矣乎疾之則脫緩之則淑焉以逝非捉
圜之謂也而所謂善持者能爲之於疾徐之
間令女之所治吾無間然者矣然予之志則
廣取而汎與者也吾恐女之後夫擇者也其
將有剽女之外郛而自築其宮庭者矣登女
顛九　七
之車而乘之以馳騁於四郊者矣取女之所
以爲壁者毀裂衣而玉分之者矣夫道固惡於
不傳也不傳則妨道又惡於不得其所以傳
也不得其所以傳則病道令女則往矣而思
所以愼厥與也則於吾無間然者矣

子車氏之猳其色粹而黑一產而三豚焉其二則粹而黑其一則駁而白惡其弗類於已也嚙而殺之決裂其腎腸糜盡而後止其同於已者字之惟謹而恐其傷也子華子曰甚矣心術之善移也夫目眩於異同而意怵於愛憎雖其所自生殺之而弗悔而況非其類矣乎今世之人其平居把握附耳呫呫相爲然約而自保其固曾膠漆之不如也及勢利之一接未有毫釐之差蹴然而變乎色又從而隨之以兵甚矣心術之善移也無以異乎

子車氏之猳

宋有澄子者亡其緇衣順塗以求之見婦人衣緇衣焉援之而弗舍曰而以是償我矣婦人曰公雖亡緇衣然此吾所自爲者也澄子曰而弗如速以償我矣我昔所亡者紡緇也今子之所衣者襌緇也以襌緇而當我之紡緇也而豈有所不得哉子華子曰夫利之惽心也幸於得而已矣忘其所以爲質者矣幸於得而忘其所以爲質夫何所憚而不爲之哉今世之人求其不爲澄子者或寡矣

子華子曰今世之士其無幸歟川閱水以成川世閱人而爲世河之下龍門也疾如箭之脱筈人壽幾何而期以有待也治古之時積美于躬如膚革之就充惟恐其不修弗憂於無聞如擊考鼓鐘其傳以四達繹如也今則

不然荒飈怒號而獨秀者先隕霜露霄零而朱草立槁媾市之徒又從而媒孽以髡搖之是以萌意於方寸未有毫分也而觸機穽展布其四體未有以爲容也而得拱梏懷抱其一槩之操泯泯默默而顧有以試也而漫漫

之長夜特未旦也疾雷破山澍雨如霆雞喑
於塒而失其所以爲司晨也人壽幾何而期
以有待也今世之士其無幸歟子留子築居
於五源之溪使其徒公子賔胥見子華子於
齋曰先生之役子留子使賔胥也敬以有請
夫五源之溪天下之至窮處也鼯吟而鼬啼
且曉昏而日昳也蒼蒼踟躕四顧而無有人
聲雖然其土脉膏以發其植物也兇兇以澤
其清流四注無乏於濯溉其蘋草之芼足以
供祭也流光馳景却顧於斷蹊絕壑之下雲

雨之所出入也其石皺栗爛如赭霞藹草之
芳從風以揚龍耕溪飲爲力也佚而坐嘯行
歌可以卒歲今先生之年運而往矣而其所
以蘊藏者無期惟是汾河之間不吾容也而
寄食於海瀕歲又弗稔其何以供億今之諸

侯其地相埒也其德相若也先生之車軫其
將誰氏知之是以予留子使賓胥也敬以有
請無寧先生而肯照臨於山澳之中將使斯
人也耳聞而目明先生豈無意於此子華子
曰爾歸而語而夫子矣而以所以屬於我者

渠渠不忘於我之心鼎鼎如也吾聞之太上
違世其次違地其次違人而之所志其違地
矣乎曩者吾有緒言於會矣曰我必死爾以
吾骨反而涉河以從吾先人於蒼塞之下我
之意也已有所在矣不得而從於爾之求矣
夫志之所存雖逖而親雖缺而成疆裂壤斷
不吾間也而令而後吾之神爽坐馳於五源
之間而亦將朝夕而惟余是從吾何必往也
嘻來賓胥我之不得往猶而夫子之不得來
也詩不云乎莫往莫來使我心疚吾之與而

夫子也其弗覿矣夫

子華子自齊而歸召子元而訓之曰來爾會而小人其謹志之昔吾之宗君爲周曰正周公作成周定鼎於郟鄏修和周郊於是吾之宗君薦其所以爲祥者其族有三曰井里之璞也曰大山之器車也曰唐叔異畝之禾也唐叔得禾異畝同穎吾之宗君請以爲獻王命分寶玉于魯公時庸展親歸禾於周公作歸禾周公旅天子之命作嘉禾是以吾之宗君始有蒲璧以朝作程典令其顯庸書在故

府逮宣王之時吾之宗君入董六師爲王虎
臣是曰司馬司馬之後凡九世而其子孫或
播居於汾河之間十有一世而國并於温先
大夫宣王之棄世也背違其群而吾之宗君
厥有大造於趙宗如瓜苗之有衍我是以庇

其榮而食其實及吾之身雖不釋於簡主而
趙則眞吾姓之所宗氏也今主君之爲人强
毅而法能忍詬而無慝挺挺而不回且受人
之規言其將光啓于趙氏之業而大其前人
吾且老矣而不得以相其成來爾會其小人

其謹志之其勿有二心以事主君惟是窀穸之事吾之所以後其先人者弗偸弗侈允釐其中其勿以世俗之垢昏而以浼我之所修乃若爾會之所以自勖者則惟無宗君之忝其於我亦預有無窮之聞來爾會而小子其謹志之

子華子卷之十

子華子十卷

周·程本撰

明弘治九年(1496)李瀚刊《新刊五子書》本

子華子卷之一 卷二同

晋人程本著

陽城胥渠問

陽城胥渠因北宫子以見子華子曰胥渠願有所謁也夫太初胚胎萬有權輿風轉誰轉三三六六誰究誰使夫子闡諸故記者審矣其有以發也胥渠願承其餘子華子曰噫嘻本何足以識之請以嘗試言之而子亦嘗試而聽之夫混茫之中是名太初實生三氣上氣曰始中氣曰元下氣曰玄玄

資於元元資於始始資於初太真剖割通三而為一離之而為兩各有精專是名陰陽兩兩而三之數登於九而究矣是以棲三陰之正氣於風輪其專精之名曰太玄棲三陽之正氣於水樞其專精之名曰太一太一正陽也太玄正陰也陽之正氣其色赤陰之正氣其色黑水陽也而其伏為陰風陰也而其發為陽上赤下黑左青右白黃潛於中宮而五運流轉故有輪樞之象焉水滛太一之中精故能潤澤百物而行乎地中風滛太玄之中精

故能動化百物而行乎天上上赤之象其宮成離下黑之象其宮成坎夫兩端之所以平者以中存乎其間故也中名亦立兩端不形是以坎離獨斡乎中氣中天地而立生育萬物新新而不窮陽氣爲火火勝故冬至之日燥陰之氣爲水水勝故夏至之日濕火則上炎水則下注鳥飛而上魚動而下物類相動焱本相應孰究其所以來誰使其所以然因其然也然不然也然乎然不然乎不然吾亦不知其所以然也夫是之謂萬化原上次而成

天下決而成也既已決也命之曰中決必有所合也命之曰和中和玄同萬物化生夫是之謂三三六六陽娥胥渠曰微夫子之言吾幾於不靈子華子曰意嘻本何足以識之請以嘗試言之而子亦嘗試聽之子華子曰夫道一也我與道而為三矣而我之百骸九竅毛髮膏澤臟腑肝膈吹噓吸引滋液吐納無非道也自此以往大撓甲子所不能紀也是故道立於一而萬物之變也百事之化也散而為萬殊大消淪而無涯古之知道者務全其生

務全其生者不亡其所有也不亡其所有者道之
守也道之守者神之舍也是故全生者為上虧生
者次之死次之迫斯為下矣所謂全生者六欲皆
得其宜也所謂虧生者欲欲分得其宜也夫虧生
則於其所尊者薄矣其虧彌甚則其尊彌薄所謂
死者無有所知而復其未生也所謂迫生者六欲
莫得其宜也皆獲其所甚惡者也辱莫大於不義
不義者迫生也故曰迫生不如死人之常情耳聞
而目見也耳聞所甚惡不如無聞目見所甚不欲

不如無見是以迅雷則掩耳恐故也所貴乎嗜梁肉者非腐鼠之謂也所貴乎飲醪醴者非敗酒之謂也所貴乎尊生者非迫生之謂也夫迫生之人鞠窮而歸故曰迫斯為下矣

公仲承問於程子曰人有常言黃帝之治天下也百神出而受職於明堂之庭帝乃采銅於首山作大爐焉鑄神鼎於山上鼎成羣龍下迎乘彼白雲至於帝鄉羣小臣不得上升攀龍之胡力顫而絕帝之弓裘墜焉於是百姓奉之以長號名之曰烏

號之曰而藏其衣冠於橋陵信有之乎程子曰否甚矣世之好譎怪也聖人與人同類也類同則形同形同則氣同氣同則知識同矣類異則形異形異則氣異氣異則知識異矣人之所以相君長者類也相使者形也相管攝者氣也相維持者知識也人之異龍龍之異於黽黽之異於雲言之辨也惡足以相感召而實使之耶其不然也必矣世之好譎怪也吾聞之太古之聖人所以範世訓俗者有直言者有曲言者直言者直以情貢也曲言者

假以指喻也言之致曲則其傳也久傳久而僞則
知者正之譌甚而殽亂則知者止之夫黃帝之治
天下也其精微之感蕩上浮而下沉故為百福之
宗為百福之所宗則是百神受職於庭也帝乃采
銅者鍊剛質也登彼首山就高明也作為大爐鼓
陽化也神鼎熟物之器也上水而下火二氣升降
以相濟中和之實也羣龍者衆陽氣也雲者龍屬
也帝鄉者靈臺之關而心術之變也帝之謂所類
也形也氣也知識也雖與人同爾然而無成而無

」也每成而每上則其精微之所徹達神明之所
之適其去人也遠矣羣小臣知識之所不及者也攀
龍之胡有見於下也不得上升無見於上也有見
於下無見於上者士也上下無見者民也弓裘衣
冠者帝所以善世制俗之具也民無見也懷其所
以治我者而已矣故帝之逝也號以決其慕藏以
奉其傳此假以指喻之言也而人且亟傳之以相
誑欺甚矣世之好譎怪也千世之後必有人主好
高而慕大以久生輕舉而爲羨慕者其左右狡詐

希寵之臣又從而逢之是將甘心於黃帝之所造者矣夫人之大常生而必壯轉而為衰老轉而為死亡聖凡之所共也上知之所弗卒免焉者也且自故記之所傳若存而若亡大庭中黃赫胥尊盧以來所謂聖人若不一族吾誠恐大圜之上嶢榭聯累雖處什伯不足以處也而復何所主宰臣何所使而其昏昏默默以至于今也是不然之甚者也然而世之人知者歆羨愚者矜跂甚矣世之好譎怪也大周之九鼎禹所以圖神姦也黃帝之鑄

一禹之鑄九其造爲者同而所以之適爲者頓異是可以決疑矣且世之傳疑也不惟其傳昔宋有丁氏家故無井而出溉汲焉常一日而一人居外懲其如是也鳩工而穿井下庭家相與語曰今吾之穿井得一人矣有聞而傳之者曰丁氏穿井而得一人也國人更相道之語徹于宋君宋君召其人而質之丁氏對曰自臣穿井家獲一人之力非得一人於井也是故黃帝之鑄神鼎是井中人之譬也知皆正之是宋君召其人而質之之譬也千

世之後必有人主好高而慕大以久生輕舉而為
羨慕者與右左狡詐希寵之臣又從而逢之是將
甘心於黃帝之所造者亦此吾所以反之復之而
不能已者也小子志之
鄭子以達于禮聞于諸侯子華子亟往從之見鄭
子焉子華子曰異乎吾所聞夫禮先王所以定之
也非所以搖之也夫禮所以開之也非所以暴之
也青黃黻黼文章之觀盡而五色渝宮徵還激生
生之聲足而八音汩陸有纚置水有網罟而飛羽

伏鱗無以卑其生矣詩不云乎潛雖伏矣亦孔之
昭令郯子非徒揺之也又從暴之也郯子而達於
禮樂異乎吾所聞肅焉而起遵塗而歸

子華子卷之一

子華子卷之二

晉人程本著

孔子贈

子華子反自郯遭孔子於途傾蓋而顧相語終日甚相親也孔子命子路曰取束帛以贈先生子路屑然而對曰由聞之士不中間見女嫁無媒君子不以交禮也有間又顧謂子路子路又對如初孔子曰固哉由也詩不云乎有美一人清風婉兮邂逅相遇適我願兮今程子天下之賢士也於斯不

贈則終身弗能見也小子行之

子華子曰惟道無定形虛凝爲一氣散布爲萬物宇宙也者所以載道而傳焉者也萬物一者也夫孰知其所以起夫孰知其所以終凝者主結勇者營散一開一斂萬形相禪太古之時澹泊恬愉鹿聚而麕居其知徐徐其樂于于天是之謂宇有無以相反也高下以相傾也盛盈衰息以相薄也庬洪蘆符以相形也由是以生由是以死由是以尉由是以成夫是之謂宙宇者情相接也宙者理相

通也是故惟道無定形虛凝為一氣散布為萬物宇宙也者所以載道而傳焉者也亢桑子曰夫言之所以感為響響欲絕而感已移意之所以將為思思未華而事前輟何則精神之所弗包焉故也七十九代之君法制不一號令不齊而俱王於天下明旌善類而誅鋤醜厲者法之正也其所以能行焉精誠也精誠不白則無以王矣其在後世以急刻而責恕以譎偽而課忠言非其願意非其真而保人之弗叛悲夫是正坐於夕

室也是白之懸而黑之募也是縱權於陸而發軔於川也其亦不可以率而幾矣是以欲治之君將以有為於是者必先正其本術定其精而不搖保其誠而弗斷夫然後出言以副情端意以明指世雖亂也俗雖汙也而回感不效於影響者吾斯之未能信

子華子居於莒塞趙簡子將用之使使者將幣於閭曰寡大夫之使使下臣敬脩不腆以勤先生之將命者子華子反幣辭絕以肅使者而進之於庭

又拜而授辭曰主君之氏其如獲罪戾其敢逃刑
以其弟齒之故而適抱薪纍之憂疾且有間則我
請造於朝其敢重辱我主君之命使者曰寡大夫
且有犧言使下臣敬致諸執事惟是晉國之寵靈
願與先生共之先生不違勤而貺以行請祿從者
以爵執圭子華子沒階而進再拜而言曰主君之
民某未有職業於朝也且有惡疾不堪君之命弗
敢以興聞再拜而送使者於門反其室聚婦將行
其子弟族立而疑比宮于曰意聞之身脩於私名

升於公古今之適誼也主君國之宗卿也政所自出以禮交而弗答無乃不可乎子華子曰意吾以爾為可以忘言也而猶有萌焉夫萌於中必著於外其意之謂矣且彼召我者夫豈徒然哉必有以處我者矣爲人之所處者不得安其所自處矣是故古之人慎於其所以處也昔者吾友自鄭聞語於孔子屬屬焉不忘於心孔子之所志其過人者遠矣日者主君之召也孔子轍環於河濟而弗肯以濟援琴而寫志命之曰臨河之操其亂曰河之

水洋洋兮丘之不濟此命也夫孔子之所以弗至
是乃我所以行之也意吾以爾為忘言也而猶有
萌焉夫以小人之所察而量君子之心意爾其殆
矣北宮子遂强以見趙簡子簡子聞子華子至再
拜而迎曰不穀得奉社稷之靈以撫有四封之內
先君有禮所以貺賓客而交際之紀廬人實與治
之吾子辱而在於敝邑有日矣以歲之不易而隸
人有朝夕之虞願致戎邑方三四十里若五六十
里以為芻秣之共吾子其曲意以臨之子華子曰

臣也不武年運而往矣顛毛種種懼不任君之事以為司敗憂也君有四圍以扞四方臣弗堪也明日子華子行食於茇亭之口比宮子曰秦未有失也絕人之善意而又刮迹以去之夫子所以責人者太察矣子華子曰然非爾所及也夫秦君之志大而求遠其所以望於我者厚則吾無以堪其求矣且爾亦聞牧野之事乎周之六師壓郊而陳式王轙條鮮焉有五臣者將受誓事於前王顧而使之條五臣者相目而對曰臣之所以事君王非為

係縶者也王不得已乃釋旄鉞而親係之夫人君
能致其君能有所不為然後可以有為人
臣能有所不為然後能無不為也本也未能無不
為者也能有所不為矣
子華子違趙趙簡子不悅燭過與廣門之左簡子
召而語之以其故燭過對曰彼棄人也而傲侮公
上法所弗寘也且無以為國矣簡子曰而士以兵
之燭過至苓塞子華子之行者五日矣燭過反命
曰無及也簡子悔之使使者於齊而使董安于寓

書以招之子華子稽首而來再拜以肅使者于庭而授之辭曰主君之亡臣某不能束脩越在諸侯以為主君憂臣聞之物咼於所甘士咼於所守主君之亡臣不佞而有四方之志其敢以為執事者之所辱夫丘陵崇而穴成於上狐狸藏矣溪谷深而淵成於下魚鼈安矣松栢茂而陰成於林塗之人則蔭矣主君之亡臣不佞實有隱衷惟執事者昭明其所存如日月之升以光燭於晉國將四海之士重繭狎至以承主君之令聞夫豈惟亡臣之

臣雖復野死以寘溝𤰝其敢忘主君之賜惟執事
者財幸焉簡子得書召無恤而戒之曰謂過小人
也實使我獲罪於木合且死汝必反之慎不忘也
襄子曰諾

子華子卷之二

子華子卷之三 四卷同

顛 四

晉人程本著

北宮子仕

北宮子將仕於衛子華子曰意來子之所以自事其心者亦嘗有以語我乎北宮子曰意未得以卒業也以是樵蘇之弗繼糊其順頗於人雖然謹（志）其所欲為於善而違 其患也庶幾於完子華子愀然變乎容有間曰意是何言歟善奚足願而患奚足違吾語若聖人不出天下潰潰曰趨於迷欲以

有已而卒於喪也已欲以達之於人而卒於失人
凡以善故王者作興將以濯滌今世之惛怓去善
其殆可乎哉善弗去亂未艾也而又奚以善為比
宫子曰嘻有是哉願畢其説子華子曰人中虚圓
不徑寸神明舍焉事物交滑如理亂棼如涉驚浸
一則以之怵惕一則以之忌諱一則以之懲創是
則一日之間一時之頃而徑寸之地如炎如冰矣
夫所謂神明者其若之何而堪之神弗留則蠹明
弗居則耗而又奚以善為言之知道者泊乎如大

美之末調謳謳兮如將核隨推而遷因蕩而還其精白津津若遺而復存其神明休休常與道謀去羨去慕孰知其故今子之言曰謹志於為善則不善者將誰與耶違子之所惡則惡將誰歸耶子而勿受歸而勿納則必有忿悁之心起而與我立敵矣以我矜傾之意而接彼忿悁之心何為而不鬭鬭且不止小則嚚凌詬誶大則碎首穴胷夫以若之言而卑於完其幾於殆矣北宮子曰嘻若是其甚也子華子曰有甚哉吾語若禍之所自起亂之

所由生皆存乎欲善而違惡今天下老師先生端
弁帶而說乃以是召亂也學者相與熏沐其中爲
而亦唯此之事是事禍也父以是故不慈子以是
故不孝兄以是故不友弟以是故不共夫以是故
不帥婦以是故不從君以是故不仁臣以是故不
忠大倫蠹敗人紀消亡結轍以趨之而猶恐其弗
及也悲夫石碏欲完其名而殺厚公子輒欲專其
國而拒蒯聵寤生克段忽出而突入季友鴆慶父
叔向誅鮒雍糾之妻尸糾於朝莊叔或作仲子欲訐

其婿於魯而先斃其室先君厲公一言而殺三郤
華督父并忽（或作忍）於與夷毛舉其目尚不勝為數
也是皆名為求得所欲而能違所不欲者矣然大
倫斁敗人紀消亡結轍以趨之者而猶恐其弗及
也悲夫吾語若亂之所由生禍之所自起皆存於
欲善而違惡夫人之中虛也不得其所欲則疑得
其所不欲則惑疑惑載於中虛則荆棘生矣父不
疑於其子子必孝兄不疑於其弟弟必共夫不疑
於其婦婦必貞君不疑於其臣臣必忠是還至而

效者也百事成而一事疑道必廢三人行而一人惑議必格大道之世上下洞達而無疑志堯舜三代之王也無意於王而天下治所循者直道故也是以天下和平天下之所以平者政平也政之所以平者人平也人之所以平者心平也夫平猶權衡然加銖兩則移矣載其所不欲其為銖兩者倍矣故曰矜功者不立虛願者不至非惟不足以得福而行又以名禍故吾不悅於子之言今子亦平其所養而直以行之何往而不得何營而不就而

又奚以善為且不可以有為也堯曰若之何而善於予之事舜亦曰若之何而善於予之事是上與下爭為善也上與下爭為善是兩實也兩實則烏得乎平不施焉則惡得直失其所以平直則堯無以為堯矣舜無以為舜矣吾子謹志於堯舜也而又奚以善為北宮子之衛主於叔車氏叔車氏有寵於衛君國人害其嬖而將討之北宮子喟然歎曰吾為是違夫子之言也是以獲戾於此也吾何以衛為啟其所以為臣而歸

晏子治阿三年毀聞於朝公不悅召而將免焉晏子辭曰臣知過矣請復之三年而舉國善之謠言四達公將致其所以賞晏子辭焉公曰何謂也晏子對曰昔者臣之所治君之所當取也而更得罪焉今者臣之所治君之所當誅也而更得賞焉非臣之情臣不願也子華子聞之曰晏子可謂直而不阿者矣晏子之辭受其可以訓矣齊之蕪也固宜夫人之常情譽同於己者助同於己者愛同於己者愛之反則憎必有所立矣助之反則擠必有

所在矣譽之反則毀必有所歸矣然而人主不之
察也左右執事之臣從而得其所欲為則不禁也
世之治亂蓋常存乎兩間齊之蕪也固宜
子華子曰元太初之中氣也天帝得之運乎無窮
后土得之溥博無疆人之有元百骸統焉古之制
字者知其所以然是故能固其元為完具之完殘
其所固為寇賊之寇加法度焉故曰殘固之謂寇
毀賊則為賊夫穿垣竇發鍋鑰其盜之細也夫

子華子卷之三

子華子卷之四

晉人程本著

虎會問

虎會以其私問於程子曰主君何如主也程子曰昔堯舜在上塗説而巷議所不廢也是是非非之謂士試爲吾子言之本也不敢以古事爲考先大夫文子之志也好學而能受規諫立若不勝衣言若不出口身卑士於白屋之下者四十有六人皆能獲其赤心公家賴焉及其歿也四十有六人者

皆就賓位是其無私德也夫好學知也受規諫仁
也無私德焉忠也江之源出於汶山其大如甕口
其流可以濫觴順沿而下控諸羣荊廣袤數千里
方舟然後可以濟此無他故也所受於下流者非
一壑也夫先大夫文子其訓於是矣是以有孝德
以出公族有恭德以升在位有武德以羞為正卿
用能光融於晉國纘輔其君以主盟於諸侯天下
賴其仁兵稍之不試者垂十許年今主君懋其勳
庸而光賁於趙宗無以則先大夫文子是焉取則

尚德率義以弘大其光烈其將有譽於四方也乃
若范氏中行氏弗自克也而以覆其宗鄉此則主
君之所知也虎會曰辨矣夫子之言顧少進也會
得聞而謁諸主君庶幾其有瘳程子曰詩不云乎
王欲玉女是用大諫夫糾其邪志而濟其所乏是
忠臣之所留察也吾子其勉行之矣本問之山有
猛虎林樾弗除江河納汙衆流是瀦昔者秦穆公
以秦之士為不足也起蹇叔於宛迎丕豹於鄭取
由余於戎拔百里奚於市用强其師以伉慧懷于

斯時也晉國覇焉惟秦是從是故國以士為筋幹不可以不察也今主君之未得志也有竇叔子者推其後而進之有舜華者挽其不及而使之當於理有吾丘鴆者展布四體以為紀綱之僕本聞之竇叔子之為人也強毅而有立方嚴而不對其事主也齊戒祓濯而無有回心舜華多學而強記恥其所聞不惠於古初其立論挺挺而不可以奪吾丘鴆年十有五而始以勇力聞及其壯佼也四鄰畏之能以人投人以車投車其視太行之險猶之

步仞之立此三臣者舉晉國之選也主君之所與懋貺其庸而光賁于趙宗者也公室六分河山之間龜圻而鼎立范氏中行氏不庇其社而顛其宗主居之所不刊則繄此三臣之助令無故而戮於子矣又𪁖舜華於野以罪名不聞於國人吾丘鴆恐爲畏粮而之於他國主君其末之思耶何其首尾之刺戾也如是則主君之所以遠於大競者也吾子主君之信臣也夫人誰無過過而能改心爲聖人之所畏也今吾子能弟憚煩而以其耿耿之

思務以箴主君之闕遺將國人是賴吾子其勉行之矣

子華子見齊景公公問所以為國柰何而治子華子對曰臣愚以為國不足為也事不足治也有意於為則狹矣有意於治則陋矣夫有國者有大物也所以持之者大矣狹且陋者果不足以有為也臣愚以為國不足為也事不足治也公曰然則國不可以為矣乎子華子曰非然也臣之所治者道也道之為治厚而不薄敬守其一正性內足羣眾

不周而務成一能盡能既成四境以平唯彼天符
不周而周此神農氏之所以長也堯舜氏之所以
章也夏后氏之所以勤也夫人主自智而愚人自
巧而拙人若此則愚拙者請矣巧智者詔矣詔多
則請者加多矣請者加多則是無不請也主雖巧
智未無不智也以未無不知應無不請其道固窮
為人主而數窮於其下將何以君人乎窮而不知
其窮又將自以為多夫是之謂重塞之國上有諱
言之君下有苟且之俗其禍起於欲為也其禍起

於願治也夫有為願治之心而獲重塞之禍是以臣愚以為國不足為也事不足治也昔者有道之世因而不為責而不詔去想去意靜虛以待不伐之言不奪之事循名覈實官庀其司以不知為道以柰何為寶神農曰若何而和萬物調三光堯曰若何而為日月之所燭舜曰若何而服四荒之外禹曰若何而治青北九陽奇怪之所際是故此王者天下以為功後世以為能以故記之所道而君之所知也臣戇而不知方始而至於朝也竊有

疑爲齋之所以爲齋者抑以異矣鐘鼓柷圉日以
抎考而和聲不聞司空之刀鋸斷斷如也而罪署
滋長諸侯之賓客膏其唇吻而爭進諛言左右在
廷之人主爲蔽蒙僮夫豎隷曉然皆知公上之有
悄心也造爲謌謡以蠱君心君曾不知之也冕旒
清晨佐宁以聽愍焉以古人自耦君之心則泰矣
夫其誰而顧肯以其一介之鄙試嘗君之嗜好而
以干其不測之禍臣竊而不知方始而至於朝也
竊有疑焉夷考所由來以君之心勝故也心勝則

道不集矣羣臣之不肖者又隨而揚之故其弊同以深其固如性而君曾不之知也夫以君之明既淪其所底滯而開之以鄉道夫孰能禦之抑臣聞之萬物之變也萬事之化也不可為也不可究也因其言而推之則無不得其要者矣故臣愚以為國不足為也事不足治也公曰洋洋乎而之所以言吾欲以有說而無所措吾辭而之道博大而無倪吾所不能為也嘗曰有以拂吾之陋心子華子退而食於晏氏

子華子往見季沈季沈曰自吾從於夫子也轍迹不遺於四國未有終歲以處也夫子亦勤且病矣哀也鄙人不通於夫子之量天下失道黑白溷溷而吾夫子駕其說將安之哀將有以請而弗敢也願質之於吾子子華子曰然仲尼天也其可違物而奠處乎其可絕物而自營乎日月不宇宙四指必迷所鄉矣仲尼人之準繩也仲尼之轍迹則病矣而亦皇暇之恤季沈曰敢問吾子之不試何也子華子曰本也何足以望夫子夫子軫方而轂圓

者也将無乎而不可我則有所可也夫以我之所可而從夫子之無乎不可遊将從其後也

子華子卷之四

子華子卷之五 六卷同　顛七

晉人程本著

晏子

子華子謂晏子曰天地之閒有所謂隱戮者而莫之或知知之者其幾於道乎晏子曰何謂也子華子曰天地之生才也實難其有以生也必有所用也如之何其將擁之蔽之而使之不得以植立也天地之所大忌也日月之所燭燎也陰陽之所机移也鬼神之所伺察也是以帝王之典進賢者受

上賞不薦士者罰及其身善善而惡惡其實皆衍
亍後嘗試觀之夫物之有材者其精華之藴神明
之所固護而祕惜不可以知力窺也蒙金以沙固
玉以璞珠之所生漩栢之淵而隈澳之下也豫章
楩柟之可以大斲者必在夫大山穹谷孱顏嶇峿
之區抉剔之掎摭之剥削之苟不中於程度則有
虎狼蛟鼉虺蜴之變雷霆崩墜覆壓之虞何以故
天地之生才也實難其有以生也必有所用也如
之何其將壅之蔽之而使之不得以植立是謂之

違天而黷明違天而黷明神則殛之雖大必折雖
災必撲荒落而類圮敗而族夫是之謂隱戮隱戮
也者陰隲之反也如以匙勘鑰也如以璽印塗也
必以其類其應如響晏子曰駭乎哉吾子之言也
嬰也願遂其所以聞子華子曰大夫無甚怪於余
之所以言也余之所以言其有以云也今夫人之
常情為惡其毀也成惡其虧也於其所愛焉者則
必有恪固之心恪固之心薾於中虛卒然而攻其
所甚愛則必曾起而爭爭而不得則必氣沮而志

奪氣沮而志奪則拂然而怒填乎膺拂然而怒填乎膺則將無與為敵者矣天地之所以生材也甚愛之甚惜之則其所以有恪固之心曾何以異夫人之常情世之人莫之或知也徒恃其胷腹之私與其狡譎變詐之數翕翕而訿訿巧觝而深排規以幸人不已勝也夫人之勝人也何有天地之鑒也神明之照也甚可畏也甚可怖也如使之氣沮而志奪拂然而怒以充塞乎兩間偏俱廷壓聚而為陰陽之罰其中於人也必慘矣是必至之勢而

無足經怪者悲夫世之人莫之或知知之者其幾
於道矣本晉國之鄙人也嘗得故記之所以道者
矣昔先大夫栾武子之在位也夙夜靖共矯枉而
惠直不忘其職守而以從其君厥有顯聞布在諸
侯之册書逮其嗣主則不然弗類于厥心放命以
自賢怙寵專權翦棄人士圖以封殖于厥躬國人
疾視之如目有眯焉日移其志以速厥罰欒氏以
亡昔先大夫隨武子之在位也明睿以博識晉國
之舊老也然且惛焉而不自居惟曰余有所不見

惟曰余有所不知惟曰余有所不聞瞋有所志旦
而升諸公是以晉國之士無遺其材者用能光融
昭著以有立朝父子兄弟以世及也而為晉宗卿
逮其嗣主則不然囂囂自庸而巧持其非心毀本
塞原甚於虺目惟諛使之小夫是賱是用絜然
知者遠之洒然善者伏藏以在下日移其志以速
厥罪范氏以亡昔先大夫中行文子之在位也校
職俊良振其滯淹人之有伎能如出於厥躬恪謹
弗解惟力是視是以能相其君以尋盟諸侯建其

嗣主以苛為察以欺為明以刻為忠以計多為善
以聚歛為良崩角摘齒恐人之亂已也門如鬧市
惟刹是視憸人秉間而會逢其惡極其回邪如鬼
如蜮日移其志以遠厥罰中行氏以亡凡此三主
者晉國之世臣也所謂祟蘊穹窿而不遷之宗也
而又其先大夫皆有玄德以媚于上下神祇其在
嗣主荒墜厥訓用以覆宗滅緒餒其先靈而不得
以血食于晉國無他故也恃其盛強昌虐而蔑棄
於理憑人而勝天蔑杖於中而以之違天地之所

恪固是以其酷如是也而况於單族後門之士竊人之爵祿而邀覬於一時之幸虛愒而恫疑且懼人之出於其上也疑似之迹明明同異之志未講而壅之蔽之使之不得以植立也則其得禍也必有深於晉之三主者矣夫築垣墉者務其高而不務其實高不隱仞而基傾之矣以兩手而擠人之聰明自以為得也而不知其聾瞽之疾已移於己也悲夫夫豈不為之大哀矣乎晏子曰駭乎哉言也儆吾子嬰無所聞之嬰也請刻諸佩觿以志其

不忘也
晏子問於子華子曰齊之公室懼卑柰何子華子
曰夫人之有欲也天必隨之齊將卑是求夫何懼
而不獲昔者軒轅二十五宗故黄祚衍于天下于
今未忘也宗周之王也姬姓之封者凡七十夫指
之不能率其臂猶臂之不能運其體也今齊自襄
桓以來斬斬焉朝無公姓野無公田帶甲橫兵挾
轂而能戰非公士也結綬纚纚位列而籍居非公
臣也公族之子若其孫散而之於四方惟臺隷是

伍公所以與俱者自有肺腸者也於詩有之豈無他人不如我同姓何以是踽踽而以臨於人上也齊將畢是求夫何懼而不獲今之人分財賄而設鉤策焉非以夫鉤策者為能均也使善惡多寡無所歸其慾也是以聖人窮造物以為識量然且龜卜筮蓍以為決所以立言於公也聲出而應律身出而恊度然且權量尺石以為噐所以立正於公也義識而理訓舉天下無敢以咨其議然且書契章程以為式所以立信於公也德澤汪濊威制宏

遠盡四海之大無不函納然且法度禮籍以為準所以立義於公也今齊則不然所以為國與出於私矣非止乎此而已也而又公斂其怨私受其福矣公竊其名私享其實矣齊之忘於公室也非一日也故齊將卑是求夫何懼而不獲

子華子曰昔先王之制法也有本有末度焉爲因而弗作守而弗為去羨去慕與四時分其叙與寒暑一其度不言而民以之化不令而民以之服是以能因則大矣能守則固矣夫有心於作法之

細也作而刻其真法之原也法也者制世之麤迹也而且不可以容心焉而况於營道術乎於傳有之循道理之數而以輔萬物之自然六合不足均也七十九代之君其為法不同而俱王於天下用此道也

子華子卷之五

子華子卷之六

晏子問黨

晉人程本著

晏子見於子華子曰日者嬰得見於公公惡夫羣臣之有黨也曰子將何方以弭之嬰無以應也吾子華子教以所不逮虛心以承子華子曰嘻君之及此言也齊其殆矣乎游士之所以不立於君之朝以黨敗之也人主甚惡其黨則左右執事之臣有以藉口矣夫左右執事之臣其託寵也深其植根

幹也固皆誣死黨之交布散離立聯累羅絡而為
之踪跡苟非其人也則小有異焉者不得以參處乎
其中間也士以廉潔而自好者夫孰肯舍其昭昭
以從人之昏昏洒焉若將 有浼焉必不容矣是
以左右執事之臣因其偷而隳之曰黨人也人君
曾不是察隨其所甚惡而甘心焉於是有流放戮
辱之事夫士之自好者削斷數緣足以自庇而一
簞之食足以糊口其孰肯以不貲之軀而捘人主
之所必怒者耶嘻君之及此言也齊其殆矣乎小

人之始至於齊也小異者不容而已矣今則疑似者削跡矣小人之始至於齊也媕婀脂韋者未必御也今則服冕而乘軒者矣小人之至於齊爲日未數數也而其變更如此齊其未艾也人君曾不是察而左右執事之臣又原君之所甚惡因以隙游士之修舉齊之朝將化而爲私人也日往而月易築壇級於公宮而君不得知也害君之及此言也齊其殆矣乎

子華子謂晏子曰夫治有象大夫亦嘗聞之矣乎

晏子曰嬰願聞之於吾子矣子華子曰治古之時其君之志也端以有修其臣同德比義而無有異心朝無幸位事無失業其四野之外耒耜從其宜溝畎以其便其民愿而從法蹶而弗失上下翦翦惟其君之聽鹽氣伏息災疫不作四鄰寢兵而珪玉纁幣以承其權此非治象而云何今齊之正言不聞聰明不開朝薺而不除野荒而荐饑其去治象也遠矣無等級以寄言者矣本閉之下無言謂之喑上無聞謂之聾聾喑之朝上有放志而下多

忌諱齊之謂也且合升勺龠合以登之斛廩則成
矣太山之高非一石之積也瑯琊之東渤澥稽天
非一水之鍾也所以治國家天下者非一士之言
也今齊之執事者其悖矣乎墨以為明孤而為蒼
以一為二以二為三公不能禁也植黨與而獲其
所同忌前而排孤媕婀脂韋者日至於君之前固
寵而恃便公不能禁也猶之買馬者然不論其足
力而以色物毛澤而為儀則麤無走馬矣猶之售
玉者然不論其廉貞溫粹而無瑕者而以大小徑

廣為儀則篋無連城矣惟士亦然論士不以其才
而以勢地為儀則伊尹仲父不立於朝矣且齊之
為國也表海而負嵎輪廣隈澳其塗之所出四通
而八達游士之所湊也今齊若之所習而狎者非
鮑國之私人則崔田之黨也游士無所植其足矣
游上無所植其足則憑軾結轍而違之夫游士之
所以去則治象之所以不存也本聞之窮鄉下里
其為叢祠也不過於卮酒而臠肉無國之社不難
於請福今齊之蕉萃也甚矣所欲以為治者不半

於古之人而功則畧異矣夫子之於齊君也朝夕進見而猶固惜自愛也獨不出其謦欬而規以振起之夫子之仁心抑已褊矣晏子曰善微吾子嬰無所聞之嬰之於君犬彘之臣也吾子之言之也嬰有罪矣晏子問於子華曰聖人尚儉於傳有之乎子華子曰有之夫儉聖人之寶也所以御世之具也三皇五帝之所留察也晏子曰嬰聞之堯不以土階為陋而有虞氏狀戒於塗髹其尚儉之謂歟子華子曰何哉大夫之所謂儉者夫儉在內不

在外也儉在我不在物也心居中虛以治五官精
氣動薄神化回濁畜其所以出而謹節其所受然
後神宇泰定而精不摇其格物也明其遇事也剛
此之謂儉而聖人之所寶也所以御世之具也三
皇五帝之所留察也何我大夫之所謂儉也夫視
入以爲出度民之職業也操贏而制餘商賈子之
所爲也中人之家計口然後食閭里之志也乃若
天子者大宮也有天下者大器也臨萬品御萬民
窮天之產竭地之藏毛有不共無有不備此則古

今常尊之執也柰何而以閭里之所志商賈子之所為庚氏之職業仰而議夫舜堯之量執此腐儒之所守而汗俗之所以相欺者也土階塗髹之説野人之所稱道而於傳所不傳者也本門之堯居於衢室之宮垂衣而襞幅遂如神明之居輯五瑞以見羣后帶幅舄而入覲者如衆星之拱北堯則若固有之也舜遊於巖廊之上被袗衣而鼓五絃之琴晝日月於太常備十有二章黼黻玄黄爛如也出則有鸞和動則有珮環步趨中於韶部之節

舜亦若固有之也夫堯舜之備物也如此而惡有所謂土階三尺茅茨不翦者惡有所謂塗塈以旨怵戒者此腐儒之所守而汙俗之所以相欺者也故記所不道也桀紂之亡天下也以不仁而不以奢也戒奢者有禮存焉禮之所可存約則殺可豐則腆豈有覽四海之賦受九畡之經入而土階以居欲以塗塈而不敢也其不然也咨美宣毳蠶之制也改玉則改行旂旒冕璪以示登降之品今汙世人不適於禮也處尊而偪賤居大而侵小夫以

至公之尊而圉隸以自奉難為其下矣不惟以陋於厥躬也而又旁無以施其族黨上不豐其宗祧曰吾以是為儉也不亦㝵貊之人矣乎晏子曰嗟微吾子嬰無所聞之也終不敢以論約

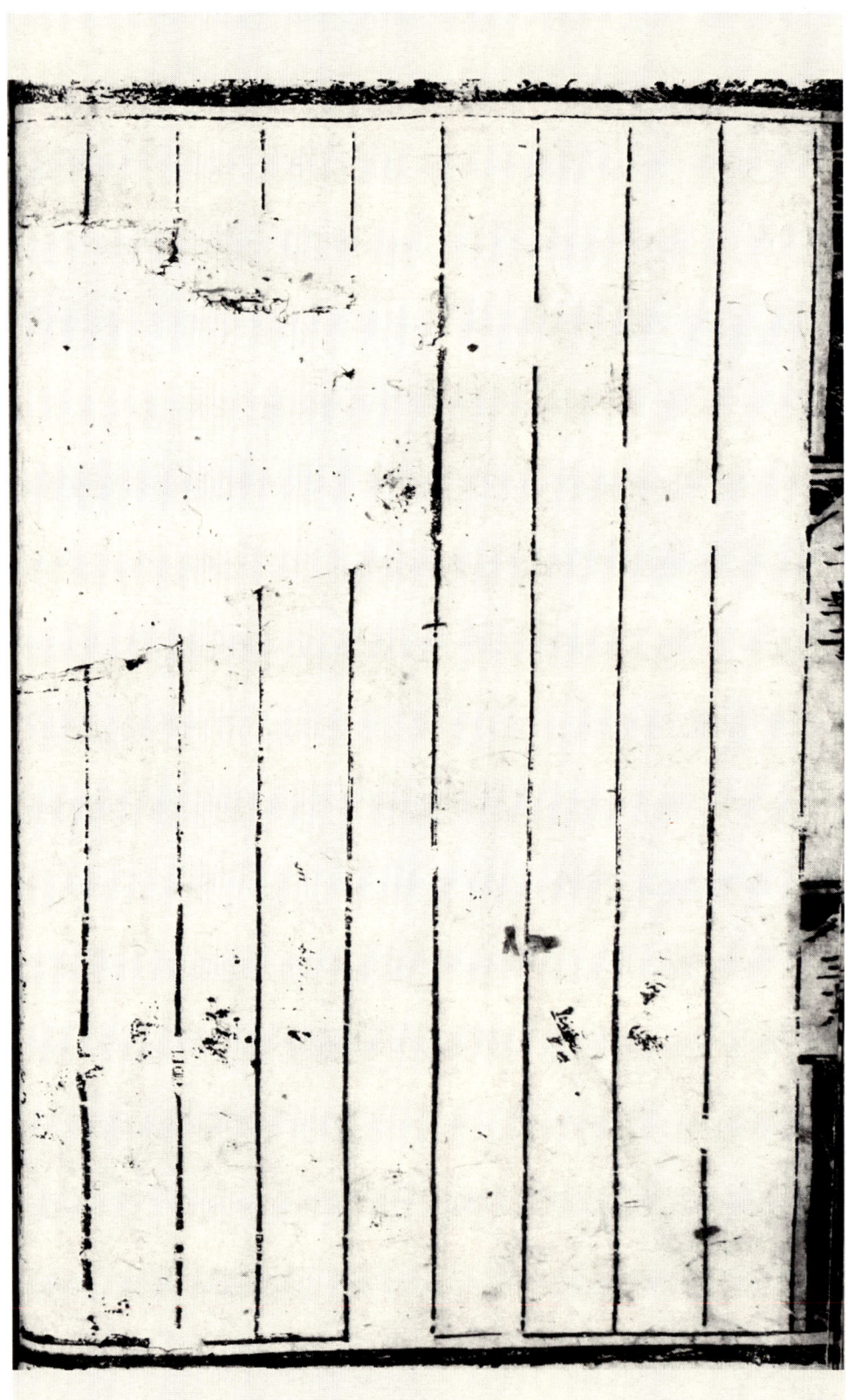

子華子卷之七

晉人程本著

執中

子華子曰聖人貴中君子守中中之爲道也幾矣寓中六指中存乎其間兩端之建而中不廢也是故中則不既矣小人恣睢好盡物之情而極其執其受禍也必酷矣何以言之朱明長贏不能盡其所以爲溫也必隨之以揫斂之氣而爲秋玄武沍陰不能盡其所以寒也必隨之以敷榮之氣而爲

春孰爲此者天也天且不可以盡而況於人乎是故誠能由於中矣一左一右雖過於中也而在中之庭一前一却雖不及於中也而在中之皇及小人好盡則遠於中矣遠於中則必窘於邊幅而裂矣必觸於巖牆而僵矣必墜於阬塹而亡矣如以右而拔之於淵也不極則不止矣悲夫天道惡盡而昧者不之知也古之君子齊戒以滌其心奉之而不敢失者其中之謂歟天地覆壓中不磨也陰陽並交中不渝也五色玄黃亂於前中不失也悲

夫世之小人快其志於俄頃之久而促失其所以為中也危國喪身而不早悟也惟其惻然而以中怛之怛之而不早悟也是之謂下愚而不可動化者也

子華子曰天之精氣其大數常出三而入一其在人呼則出也吸則入也是故一之謂專二之謂耦三之謂化專者才也耦者幹也化者神也凡精氣以三成三者成數矣宓犧軒轅所柄以計者也赫胥大庭惝恍如有所遺者也故曰出於一立於两

成於三連山以之而呈形歸藏以之而御氣大易

以之而立數也

子華子曰道之所載四出拓宕或作坦有足者斯踐

之矣夫何故平故也恢潘濠澒而無不容一與二

二與三吾不知其攸然而同謂之平夫何故虛故

也惟虛為能集道惟平為能載道無所於閡無所

於忤虛之至也左不偏於左右不偏於右無作好

也無作惡也如權衡者然平之至也心胸之兩間

其容幾何然則歷陸嶔嶇太行鴈門橫塞之壘其

之闢勺水之不通而奚以有容嗜欲炎之好憎氷之炎與氷交戰焉則必兩相傷者矣是故華四壙則裂胃中滿則充薄氣發喑惴怖作狂積憂損心心氣乃焦故曰一虛一平而道自生一平一虛而道自居

子華子曰王者樂其所以王亡者亦樂其所以亡故烹獸不足以盡獸嗜其脯則幾矣王者有嗜于理義也亡者亦有嗜乎暴慢也所嗜不同故其禍福亦不同也

子華子曰生者死之對有者無之及庳者隆之因虧者成之漸大道無形無數無名無體以無體故無有生死以無名故無有有無以無數故無有隆庳以無形故無有成虧既已域於四象者美完不能無毀也是以韋華雖柔擴之則裂礦石雖堅攻之則碎剛柔重輕大小長短雖不同也同於一畫故古之制字字為之破而文亦如之

子華子曰周天之日為三百有六十閱月之時為數三百有六十天地之大數不過乎此五方之

物其為數亦如之鱗蟲三百有六十震宮蒼龍為之長羽蟲三百有六十離宮朱鳥為之長毛蟲三百有六十兌宮麒麟為之長介蟲三百有六十坎宮伏龜為之長倮蟲三百有六十盈宇宙之間人為之長一人之身為骨凡三百有六十精液之所朝夕也氣息之吐吸也心意知慮之所識也手足之所運動而指股之所信屈也皆與天地之大數通體而為一故曰天地之間人為貴

子華子曰撞鈞石之鐘六樂合奏於庭所以寫樂

也而隱憂者臨之而逾悲不主乎樂故也欝搖而行歌促絃而急彈所以寫憂也而安恬者得之而逾歡不主於憂故也然則憂樂在外也所以主之者内也内之所感赭蒼互色東西質區而昧者則不之知也故曰觀流水者與水俱流其目運而心逝者歟

于華子曰渾淪鴻濛道之所以為宗也徧覆包涵天之所為大也昭明顯融帝之所以為功也道無依阿天無從違帝無決擇然則心焉乎而宅道心

天也天心帝也帝心人也人之心莫隱乎慈莫便
乎恕赤子匍匐使我心惻隱只慈故也陵波而先
濟跛而望乎後之人便於恕故也此心之弗失爲
可以事帝矣可以格天矣可以入道矣此心之弗
存爲道之所去也天之所違也帝之所誅也古之
制字者此茲爲慈如是爲恕非其心也則失類而
悲是以挾道理以御人羣者庸詎而忽諸
子華子曰凡物之所有由者事之所以相因也理
之所以相然也軸之軸車由所以相運也紬之紬

思或作繇由是以相屬也姓伷之由族由是以有分
也橘柚之抽味由是以有别也宇宙之宙蚰理是以
有傳也禾之油油穀由是以登也雲之油油雨由
是以降也憂心有妯心由是以動也左旋右抽軍
由是以正也故凡物之所由有者事之所以相因
也理之所以相然者也

子華子卷之八

晉人程本著

大道

子華子曰大道有源其源甚真名曰空洞空洞無有是生三元三元之功同立於玄縱而守之是謂三極衡而施之是謂三紀上下貫焉是謂三才一之所成萬紀以生一之所綱萬有以藏是故空者無不備之謂也洞者無不容之謂也大道之源其源甚真無物不稟無物不受無物不度廣盡於無

眇細淪於無間付畀稟受而不加貧醻酢應對而不加贊故曰通於一萬事畢此之謂也

子華子曰仰而視之玄在焉俛而察之玄在焉旁行而四達玄在焉迎而望之玄參乎其前也樞足窘行去而違之玄瞠乎其後也是故玄無所不在也人能守玄玄則守之不能守玄玄則舍之

子華子曰火宿於心炎上而排下其神躁而無準人之慕急於取禍者心使之也木宿於肝觸突干抵而銳其神狷束而無當人之樸戇以取禍者肝

使之然也金宿於肺硜訇而不屈罄而不能仰也其神闓踈而無法人之訐決以取禍者肺使之也水宿於腎瑟縮以湊險其神伏而不發人之媕婀脂韋以取禍者腎使之也土宿於脾磅礴而不盡其滲漉也下注而不止其神好大而無功人之重遲濇訥以取禍者脾使之也火氣之喜明也木氣之喜達也金氣之喜辯也水氣之喜藏也土氣之喜發生也是故事心者宜以孝事肝者宜以仁事肺者宜以義事腎者宜以知事脾者宜以誠實而

不許五物宿於其所喜五事各施其所宜外邪之
不入内究之不泄夫是之謂善完
子華子曰甚矣世之人注其目於視也目奚足信
今有美麗佼好之人人之所同悅也然而蒙之以
倛首則見之者棄之而走更之以輕紈阿楊爲則
向之走者留行矣甚矣世之人注其目於視也目
奚足信
周舍見子華子曰舍聞之身修而名不立無爲於
擇術矣庶羞百品雜進於盤几而咽不下無爲於

貴饌矣抱璧而徒乞無為於貴寶矣敢問之
所以志子華子曰然釜鬵之於量也不能以容於
所不受尋墨之於度也不能以及其所不至鈞天
廣奏飛鳥過而不止崇極續栱猱狖逃焉且員動
而方息所性不同也火炎而水流習使之然也今
以大夫之所處而議本之所以志必不諧矣無以
則有一焉而願因以有獻也夫六虛有精絕粹美
之氣而不敢傳焉託於物以寓其響流於形於萬
有而不敢以有為試嘗論其微矣佼麗之苦竅也

而醜則堅牢葦壁之易以碎也而金鐵則難陶甚
矣物之不可以全也如是不可以一方取也是
不可以一伎為也惟知道者幾幾乎其能全今大
夫必修而端慤壯長伉以有立方將楬其昭明爲
而以為人之的其犯難也果其量物也褊而又且
徑往而直前矯拂人之所不欲而規以自立甚無
所用之虛名此非本之所得知也夫目之明能見
於百步之外而顧不見其背也帷墻之後則無睹
也無以則有一焉而願因以有獻也

子華子曰萬物玄同孰是而孰非孰始其初孰知
其終吾無得其所以然也命之曰一二者衆之有
宗也道得之謂之太一天得之謂之天一帝得之
謂之帝一帝一也者立乎環中如其響而不得也
味其臭而不得也渾渾兮如有容泊兮如未始然
其宗茫茫兮如無所終窮天一也者為而不宰盛
而不有機之所由以由焉機之所由以天焉太一
也者無不有容能化一以為三化三以為三圓三
故成萬物故曰一之變夫奚為三而三為九而九

有萬不同而齊乎一術通乎一術無一之不知勝乎一術無一之能知是故音聲顏色臭味之數不過於五五者立於一一立而萬物生矣

子華子曰寒暑溫燥晦明之變則大美形恒乎化則涸而其形無盡喜怒哀樂思懼之化則備矣神經乎變則涸而其形有餘正氣之在人也上下灌注如環之無端莫知其紀極也不可以為量也是能使其形之所澤鬱鬱勃勃而不可屈是能使其形之所宅完固靜專而不可撓是故能通於養氣

之術者不可以務不白也且氣不勝邪攻之矣攻之而不已則氣必剉剉之而不已則向於消亡矣正氣漸盡邪術壯長心傷於中而色澤外變神去其榦而死矣是以古之知道者築壘以防邪蹤源以毓真深居靜處不為物攖動息出入而與神氣俱寬魄守戒謹窒其兌專一不分真氣乃存上下灌注氣乃流通如水之流如日月之行而不休陰營其藏陽固其府源流泏泏滿而不溢沖而不盈夫是之謂久生

子華子曰人之性其猶水然水之源本甚潔而無有衰穢其所以湛之者久則不能以無易也易而不能反其本初則還復疑於自性者矣是故方圓曲折湛於所遇而形易矣青黄赤白湛於所受而色易矣砰訇淙射湛於所閡而響易矣洄狀㴔溶湛於其所以容而態易矣鹹淡芳奥湛於其所以宗而味易矣凡此五易者非水性也而水之所以為性者則然矣是故古之君子慎其所以湛之

子華子曰天地之大數莫過乎五莫中乎五五居

中宮以制萬品胃之實也沖氣之守也中之所以起也中之所以止也龜筮之所以靈也神響之所以豐融也通乎此則條達而無礙者矣是以二與四抱九而上躋也六與八踊一而下沉也戴九而履一據三而持七五居中宮數之所由生一從一横數之所由成故曰天地之大數莫大乎五莫中乎五通乎此則條達而無礙者矣

子華子卷之八

子華子卷之九 卷十同　　顛七

晉人程本著

北宮意問

北宮意問曰上古之世天下愛其實是以日月淑清而揚光五星循軌而不失其次鳳凰至蓍龜兆甘露下竹實滿流黃出朱草生敢問何所脩為而至於是也子華子曰異乎吾所聞夫禎祥瑞應之物有之足以備其數無之不缺於治也聖王不識也君子不道也治世所無有也上古之世居有以

虛宰多以少所以同於人者用舍也所以異於人者神明也神明之運其由也甚微其效也甚徑與變相蕩遷與化相推移陰陽不能更四序不能虧洞於纖微之域通於恍惚之庭挹之而不沖注之而不滿彼其視鳳凰麒麟也豢牢之養爾彼其視澧液甘露也甽澮之寫爾彼其視芝房竹實凡草木之異者畦圃之毓爾彼其視玉石瓌怪凡種種之族者篋襲之藏爾故曰聖王不識也君子不道也治世所無有也昔者有虞氏彈五絃之琴以歌

南風之詩而光被四表格于上下周公之佐成王
也希膳不徹於前鍾鼓不解於懸而歌雍詠勺六
服承德凡禎祥瑞應之物有之足以備其數無之
不缺於治聖王已沒天下大亂父子質性君臣失
紀未有甚於今日也然且日月星辰衡陳於上與
治世同焉而已矣故曰天道遠人道邇待蓍龜而
襲吉福之末也顛蹶望拜而謁焉其待則薄矣故
聖王不識也君子不道也治世所無有也吾恐後
世之人主方且睢睢盱盱唯此之事而爲人臣者

巧許誕謟以容悅於其君舍其所當治而責成於天借或氣然而數繆也忽有鍾其變者色澤狀貌非耳目之所覩也於是奉以為祥君臣動色士庶華聽以至作為聲歌而薦之於郊廟鋪采績畫而以夸諸其臣民奄然以為後世莫我之如也彼其却數於上世其所謂豢年之養也訓瀆之寫也畦圃之疏也饑饉之藏也韠章焉如日星之在上也刀始矜跂而以為希有之事藐世而不可以幸冀者也甚矣其亦弗該於帝王之量者矣

子華子居於苓　北宮意公仲承侍縱言而及於醫子華子曰醫者理也理者意也藥者瀹也瀹者養也腑藏之伏也血氣之留也空竅之塞也關鬲之礙也意其所未然也意其所將然也察於四然者而謹訓於理夫是之謂醫以其所有餘也而養其所乏也以其所益多也而養其所損也反其所養則益者彌損矣反其所養則有餘者彌乏矣容於二反者而加疏瀹焉夫是之謂藥故曰醫者理也理者意也藥者瀹也瀹者養也北宮意曰正惟

是世俗之醫所不能為也雖然意聞之也有所資於意不如無意之為愈也有所待於養不如無待之為愈也敢問人有精神也其升降上下與晝夜相通也與天地相灌注也其為種凡有幾子華子曰意善哉而之問也觸類以演之進乎此則與知道者謀矣吾次其所以學也而擇取之矣夫天降一氣則五氣隨之寄備於陰陽合氣而成體故有太陽有火陽有太陰有以陰陰中有陽陽中有陰故陽中之陽者火是也陰中之陰者水是也陽中

之陰者木是也陰中之陽者金是也土居二氣之中間以治四維在陰而陰在陽而陽故物非土不成人非土不生北方陰極而生寒寒生水南方陽極而生熱熱生火東方陽動以散而生風風生木西方陰止以收而生燥燥生金中央陰陽交而生濕濕生土是故天地之間六合之内不離於五人亦如之血氣和合榮衛流暢五藏成就神氣舍心蒐氣畢具然後成人是故五藏六腑各有神主精稟於金火氣諧於水木精氣之合是生十物精神

魂魄心意志思智慮是也生之所自謂之精兩精相薄謂之神隨神徃反謂之䰟並精出入謂之魄所以格物謂之心心有所憶謂之意意之所存謂之志志之所造謂之思思而有所顧慕謂之慮慮而有所決釋謂之智其於智十累之上也至於智則知所以持矣知所以持則知所以養矣榮衛之行無失厥常六腑化穀津液布陽故能久長而不弊流水之不腐以其逝故也户樞之不蠹以其運故也是以精上則滯神昏則伏䰟拘則沉魄散則

耗心怯則惑志鬱則陷意營則罔思遊則殆慮殫
則蒙智礙則愚故所謂持者持此者也所謂養者
養此者也意善抑而之間也觸類以演之進乎此
則與之道者謀矣公仲子曰夫子之言也而之問
也承也得所未之嘗聞如發蔀焉願夫子益其說
而稽徵其所以解也子華子曰然言固不可以一
而足也夫心也五六之主也精神之舍也心之精
爲火其氣爲離其色赤其狀如覆蓮其神爲朱鳥
其竅上通於舌肝之精爲木其氣爲震其色青其

狀如懸瓢其神為蒼龍其竅上通於目肺之精為金其氣為兌其色白其狀如懸磬其神為伏虎其竅上通於鼻腎之精為水其氣為坎其色黑其狀如介石其神為玄龜其竅上通於耳脾之精為土其氣為戊己其色黃其狀如覆缶其神為鳳凰其竅上通於口是故脾腎心肝肺五官之司口舌鼻耳目五官之候脾之藏意腎之藏精心之藏神肝之藏魂肺之藏魄金木水火土五精之總也寒熱風燥濕五氣之聚也水以潤之火以燥之土以濡

之木以敷之金以斂之此以其性言也水之冽也火之炎也土之蒸也木之温也金之清也此以其氣言也水在下火在上土在中木在左金在右此以其位言也水之平也火之銳也土之圜也木之曲直也金之方也此以其形言也水則因火則革土則化木則變金則從革此以其材言也水井洫也火爨治也木金器械也土爰稼穡也此以其事言也夫盈於天地之間而充物者惟此五物也凡五物之有不可無也其所無不可有也微者養之

使童弱者養之使强損者養之使益不足者養之
使有餘無物不養也無物不備也夫是之謂和喜
怒哀恐思不能汩也視聽言貌思不能奪也夫是
之謂大和之國無待於意而為醫大和之俗無待
於養而為樂不以物滑和不以欲亂情中無載則
道集於虛矣心無累則道載於平矣安平恬愉吐
故納新靜與陰同閉動與陽俱開若是者由人而
之天合於太初之三氣矣以之正心脩身治國家
天下無以易於此術也五之說盡於此矣二子拱

而退書以識之

子華子卷之九

子華子卷之十

晉人程本著

神氣

子華子曰古之至人探幾而鉤深與天通心清明在躬與帝同功是以進爲而在上則至精之感流通而無礙以上行而際浮以下行而極憂以旁行而塞於四表不言而從化不召而效證以其所以感之者內也伏羲神農之世其民童蒙瞑瞑蹎蹎不知所以然而然是以永年黃帝堯舜之世其民

樸以有立職職植植而彿鄙弗夭是以難老末世之俗則不然煩稱文辭而實不效知譎相誕而情不應蓋先霜霰以戒裘爐者矣機括存乎中而羣有詐心者族攻之於外是以父哭其子凡喪其弟長短頡頏百族俱作時方疫癘道有繦負盲禿狂傴萬怪以生所以然者氣之所感故也夫神氣之所以動可謂微矣日月薄食虹蜺晝見五緯相淩四時相乘水竭山崩宵光晝冥石言人痾夏霜冬雷繆盭之族諸禍之物不約而總至所以然者氣

之所感故也夫神氣之所以動可謂微矣故曰天之與人其有以相通此之謂也

留務茲從子華子游者十有二年目相屬而言不接也業成而辭歸將隱居於五源之溪子華子曰天下之物有甚滑稽而難持者女知之矣乎疾之則脫緩之則汝焉以逝非捉圜之謂也而所謂善持者能爲之於疾徐之間令女之所洽吾無間然者矣然予之志則廣取而汎與者也吾恐女之後夫擇者也其將有剽女之外郛而自築其宮庭者

矣登女之車而乘之以馳騁於四郊者矣取女之
所以為璧者毀裂而玉分之者矣夫道固惡於不
傳也不傳則妨道又惡於不得其所以傳也不得
其所以傳則病道今女則往矣而思所以慎厥與
也則於吾無間然者矣
子車氏之猴其色粹而黑一産而三股焉其二則
粹而黑其一則駮而白惡其弗類於已也齧而殺
之決裂其腎腸囊盡而後止其同於已者字之惟
謹而恐其傷也子華子曰甚矣心術之善移也夫

目眩於異同而意怵於愛憎雖其所自生殺之而弗悔而况非其類矣乎今世之人其平居把握附耳呫呫相爲然約而自保其固曾膠漆之不如也及勢利之一接未有毫澤之差蹴然而變乎色又從而隨之以兵甚矣心術之善移也無以異乎子車氏之猳

宋有澄子者亡其緇衣順塗以求之見婦人衣緇衣爲援之而弗舍曰而以是償我矣婦人曰公雖亡緇衣然此吾所自爲者也澄子曰而弗如速以

償我矣我昔所亡者紡緇也今子之所衣者禪緇也以禪緇而當我之紡緇也而豈有所不得哉子華子曰夫利之惛心也甚於得而已矣忘其所以為質者矣甚於得而忘其所以為質夫何所憚而不為之哉今世之人求其不為澄子者或寡矣

子華子曰今世之士其無幸歟川閱水以成川世閱人而為世河之下龍門也疾如箭之脫筈人壽幾何而期以有待也治古之時積美于躬如膚革之就充惟恐其不脩弗憂於無聞如擊考鼓鍾其

傳以四達繹如也今則不然荒颸怒號而獨秀者先隕霜露宵零而朱草立槁婧市之徒又從而媒孽以兒搖之是以萌意於方寸未有毫分也而觸機穽屢布其四體未有以為容也而得拱梏懷抱其一縣之操泯泯默默而願有以試也而漫漫之長夜特未旦也疾雷破山澍雨如霪鷄喑於塒而失其所以為司晨也人壽幾何而期以有待也今世之士其無幸歟

子留子築居於五源之溪使其徒公子賓胥見子

華子於齊曰先生之役子留子使賓胥也敬以煮
請夫五源之溪天下之至窮處也謳吟而颸諦且
曉昏而日昳也蒼蒼踟躕四顧而無有人聲雖然
其上脉膏以發其植物也兊兊以澤其清流四注
無乏於濯溉其蘋草之芼足以供祭也流光馳景
却顧於斷蹊絕壑之下雲雨之所出入也其石皷
栗爛如赭霞藹草之芳從風以揚龍耕溪飲爲力
也佚而坐嘯行歌可以卒歲今先生之年運而往
矣而其所以蘊藏者無期惟是河汾之間不吾容

也而寄食於海瀕歲又弗稔其何以供億令之諸侯其地相埒也其德相若也先王之車軫其將誰氏知之是以予留予使賓胥也敬以有請無寧先生亦肯照臨於山溪之中將使斯人也耳聞而目明先生豈無意於此子華子曰爾歸而語而夫子矣而以所以屬於我者渠渠不忘於我之心鼎鼎如也吾聞之太上違世其次違地其次違人而之所志其違地矣乎曩者吾有緒言於會矣曰我必死爾以吾骨反而浟河以從吾先人於苓塞之下

我之意也已有所在矣不得而從於爾之求矣夫
志之所存雖遯而覩雖缺而成彊裂壞斷不吾間
也而今而後吾之神爽坐馳於五源之間而亦將
朝夕而惟余是從吾何必往也嘻来賓胥我之不
得、猶而夫子之不得来也詩不云乎莫往莫来
使我心疚吾之與而夫子也其弗覿矣夫
子華子自齊而歸召子元而訓之曰来爾會而小
人其謹志之昔吾之宗君為周日正周公作成周
定鼎於郏鄏脩和周郊於是吾之宗君薦其所以

爲祥者其族有三曰井里之璞也曰太山之器車也曰唐叔異畝之禾也唐叔得禾異畝同穎吾之宗君請以爲獻王命分寶玉于魯公時庸展親歸矣、周公作歸禾周公旅天子之命作嘉禾是以吾、宗君始有蒲璧以朝作程典令其顯庸書在故府逮宣王之時吾之宗君入董六師爲王爪臣是曰司馬司馬之後凡九世而其子孫或播居於汾河之間十有一世而國幷於溫先大夫宣王之棄世也背違其群而吾之宗君厥有大造於趙宗

如瓜苗之有衍我是以庇其榮而食其實及吾之
身雖不釋於簡主而趙則真吾姓之所宗氏也今
主君之為人強毅而法能忍詬而無慝挺挺而不
回且受人之規言其將光啓于趙氏之業而大其
前。吾且老矣而不得以相其成來爾會而小人
其謹志之其勿有二心以事主君惟是宅穸之事
吾之所以後其先人者弗儉弗侈允鳌其中其勿
以世俗之垢免而以浼我之所脩乃若爾會之所
以自勗者則惟無宗君之忝其於我亦預有無窮

之聞來爾會而小子其謹志之

子華子卷之十

子華子十卷

周·程本撰

明嘉靖三十年(1551)劉稆刊本

子華子序

護左都水使者光禄大夫臣向言所校讎中子華子書凡二十有四篇以相校復重十有四篇定著十篇皆以殺青書可繕寫子華子程氏名本字子華晉人也晉自頃公失政政在六卿趙簡子始得志招徠賢儁之士為其家臣子華子生於是時愽學能通墳典丘索及故府傳記之書性闓爽善持論不肯苟容於諸侯聚徒著書自號程子名稱籍甚聞於諸侯孔子遇諸郯歎

曰天下之賢士也簡子欲仕諸朝而不能致乃遣使者奉纁幣聘以為爵執圭是時簡子殺竇犢及舜華孔子為作臨河之操子華子亦逡巡不肯起簡子大怒將脅之以兵子華子去而之齊齊景公不能用也子華子館於晏氏更題其書曰子華子簡子卒襄子立子華子反於晉時已老矣遂不復仕以卒今其書編離簡斷以是門人弟子共相綴隨紀其所聞而無次敘非子文所著之書也大抵子華子以道德為指歸而

經紀以仁義存誠養操不苟於售唯孔子然後知其賢齊大夫晏平仲與之為久要之交當時諸侯以勢相軋爭結怨連禍日以權譎為事子華子之言如持水納石不相醻荅卒以不遇可為酸鼻謹目録臣向昧死上

子華子卷之一　二卷同

晉人程本著

陽城胥渠問

陽城胥渠因北宮子以見子華子曰胥渠願有所謂也夫太初胚胎萬有權輿風轉誰轉三三六六誰究誰使夫子聞諸故記者審矣其有以發也胥渠願承其餘子華子曰噫嘻本何足以識之請以嘗試言之而子亦嘗試而聽之夫混茫之中是名太初實生三氣上氣曰始中氣曰

元下氣曰玄玄資於元元資於始始資於初太真剖割通三而為一離之而為兩各有精專是名陰陽兩兩而三之數登於九而究矣是以棲三陰之正氣於風輪其專精之名曰太玄棲三陽之正氣於水樞其專精之名曰太一太一正陽也太玄正陰也陽之正氣其名赤陰之正氣其色黑水陽也而其伏為陰風陰也而其發為陽上赤下黑左青右白黃潛於中宮而五運流轉故有輪樞之象焉水涵太一之中精故能潤

澤百物而行乎地中。風涵太玄之中精故能動化百物而行乎天上。上赤之象其宮成離下黑之象其宮成坎，天兩端之所以平者以中存乎其間故也中名，不立兩端不形是以坎離獨斡乎中氣中天地否，立生育萬物新新而不窮陽氣為火火勝故冬至之日燥陰之氣為水水勝故夏至之日濕火則上炎水則下注鳥飛而上魚動而下物類相動焱本相應孰究其所以來誰使其所以然因其然也然不然也然乎然不

然乎不然吾亦不知其所以然也夫是之謂萬
化原上決而成天下決而成地既已決也命之
曰中決必有所合也命之曰和中和玄同萬物
化生夫是之謂三三六六陽城胥渠曰微夫子
之言吾幾於不靈子華子曰噫嘻本何足以識
之請以嘗試言之而子亦嘗試聽之子華子曰
夫道一也我與道而為三矣而我之百骸九竅
毛髮膏澤臟腑肝膈吹噓吸引滋液吐納無非
道也自此以往大撓甲子所不能紀也是故道

立於一而萬物之變也百事之化也散而爲萬殊潝淪而無涯古之知道者務全其生務全其生者不亡其所有也不亡其所有者道之守也道之守者神之舍也是故全生者爲上虧生者次之死次之迫斯爲下矣所謂全生者六欲皆得其宜也所謂虧生者欲欲分得其宜也夫虧生則於其所尊者薄矣其虧彌甚則其尊彌薄所謂死者無有所知而復其未生也所謂迫生者六欲莫得其宜也皆獲其所甚惡者也辱莫

大於不義不義者迫生也故曰迫生不如死人之常情耳聞而目見也耳聞所甚惡不如無聞目見所甚不欲不如無見是以迅雷則掩耳恐故也所貴乎嗜粱肉者非腐鼠之謂也所貴乎飲醪醴者非敗酒之謂也所貴乎尊生者非迫生之謂也夫迫生之人鞠窮而歸故曰迫斯為下矣

公仲承問於程子曰人有常言黃帝之治天下也百神出而受職於明堂之庭帝乃乘銅於[illegible]

山作大爐焉鑄神鼎於山上鼎成羣龍下迎乘
彼白雲至於帝鄉羣小臣不得上升攀龍之胡
力顫而絶帝之弓衆墜焉於是百姓奉之以長
號名之曰烏號之弓而藏其衣冠於橋陵信有
之乎程子曰否甚矣世之好譎怪也聖人與人
同類也類同則形同形同則氣同氣同則知識
同矣類異則形異形異則氣異氣異則知識異
矣人之所以相君長者類也相使者形也相管
攝者氣也相維持者知識也人之異龍龍之異

於昗、昗之異於雲言之辯也、惡足以相感召而實使之耶、其不然也必矣、世之好譎怪也吾聞之太古之聖人所以範世訓俗者、有直言者有曲言者、直言者、直以情貢也。曲言者、假以指諭也。言之致曲則其傳也久。傳久而僞。則知者正之。譌其、而殽亂。則知者止之。夫黃帝之治天下也。其精微之感蕩、上浮而下沉、故為百福之宗為百福之所宗則是百神受職於庭也帝乃采銅者鍊剛質也登彼首山、就高明也作為大爐鼓陽化也神與熟物之器也上水而下火二氣升降以相濟中和之實也羣龍者衆陽氣也雲者龍屬也帝鄉者靈臺之關而心術之變也帝之謂所類也形也氣也知識也雖與人同爾然而每成而每上也每成而每上則其精微之所徹達神明之所之適其去人也遠矣羣小臣知識之所不及者也攀龍之胡有見於下也不得上升無見於上也有見於下無見於上者士也上下無見者民也弓裘衣冠者帝所以善世制

俗之具也民無見也懷其所以治我者而已矣故帝之逝也號以決其慕藏以奉其傳此假以指諭之言也而人且亟傳之以相誑欺甚矣世之好譎怪也千世之後必有人主好高而慕大以久生輕舉而為羨慕者其左右佞詐希寵之臣又從而逢之是將甘心於黄帝之所造者矣夫人之大常生而少壯轉而為衰老轉而為死亡聖凡之所共也上知之所弗幸免焉者也且自故記之所傳若存而若亡大庭中黄赫胥尊

盧以來所謂聖人者不一族吾誠恐大劉之上
嶢榭聯累雖寥什佰不足以寥也而復何所主
宰臣何所使而其昏昏默默以至于今也是不
然之甚者也然而世之人知者歆羨愚者矜跂
甚矣世之好譎怪也大周之九鼎禹所以圖神
姦也黃帝之鑄一禹之鑄九其造為者同而所
以之適焉者頗異是可以決疑矣且世之傳疑
也不惟其傳昔宋有丁氏家故無井而出溉汲
焉常一日而一人居外懲其如是也鳩工而穿

井于庭家相與語曰今吾之穿井得一人矣有聞而傳之者曰丁氏穿井而得一人也國人更相道之語徹于宋君宋君召其人而質之丁氏對曰自臣穿井家獲一人之力非得一人於井也是故黃帝之鑄神鼎是井中人之譬也知者正之是宋君召其人而質之之譬也千世之後必有人主好高而慕大以久生輕舉而為羨慕者其右左狡詐希寵之臣又從而逢之是將甘心於黃帝之所造者矣此吾所以反之復之而

不能已者也小子志之

郯子以達于禮聞于諸侯子華子亟往從之見郯子焉子華子曰異乎吾所聞夫禮先王所以定之也非所以搖之也夫禮所以閑之也非所以暴之也青黃黻黼文章之觀盡而五色渝宮徵還激生生之聲足而八音汩陸有繯罝水有網罟而飛羽伏鱗無以幸其生矣詩不云乎潛雖伏矣亦孔之昭今郯子非徒搖之也又從暴之也郯子而達於禮樂異乎吾所聞肅雝而起

遵塗而歸

尸華子卷之一

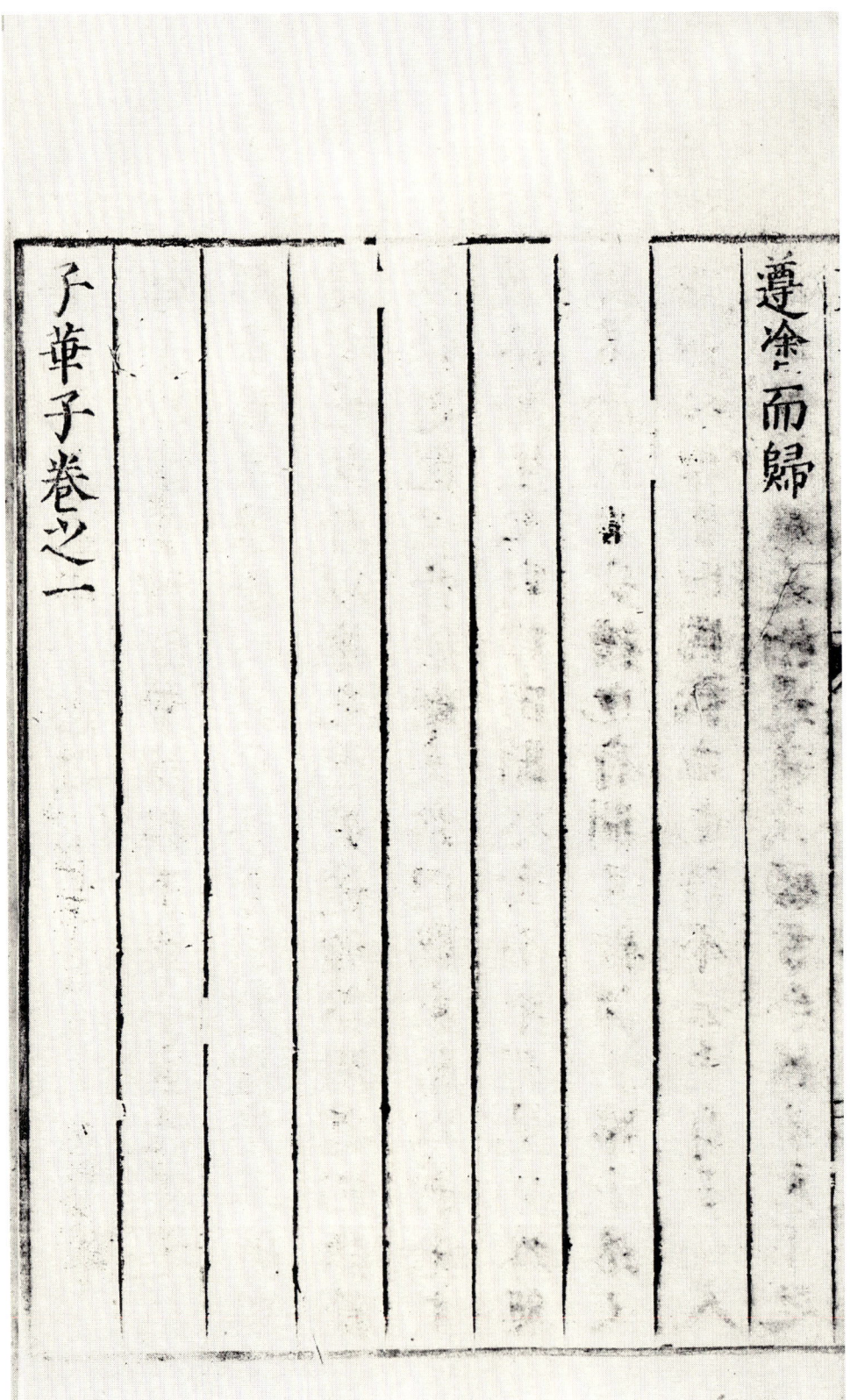

子華子卷之三

晉人程本著

孔子贈

子華子反自郯遭孔子於途傾蓋而顧相語終日甚相親也孔子命子路曰取束帛以贈先生子路屑然而對曰由聞之士不中間見女嫁無媒君子不以交禮也有間又顧謂子路子路又對如初孔子曰固哉由也詩不云乎有美一人清風婉兮邂逅相遇適我願兮今程子天下之

賢士也於斯不贈則終身弗能見也小子行之

子華子曰惟道無定形虛凝為一氣散布為萬物宇宙也者所以載道而傳焉者也萬物一者也夫孰知其所以起夫孰知其所以終凝者主結勇者營散一開一歛萬形相禪太古之時澹泊恬愉鹿聚而麢居其知徐徐其樂于于夫是之謂宇有無以相及也高下以相傾也盛盈坌息以相薄也庬洪盧符以相形也由是以生由是以死由是以斷由是以成夫是之謂宙宇中

情相接也宙者稗相通也是故惟道無先形虛
凝為一氣散布為萬物宇宙也者所以載道而
傳焉者也
子華子曰夫言之所以感為響響散絕而感已
移意之所以將為思思未革而事葥輟何則精
神之所弗包焉故也七十九代之君法制不一
號令不齊而俱王於天下明旌善類而誅鋤醜
厲者法之正也其所以能行焉精誠也精滅不
白則無以王矣其在後世以急刻而責怨以詭

僞而課忠言非其願意非其真而保人之弗叛悲夫是正坐於夕室也是白之懸而黑之募也是縱權於陸而發軔於川也其亦不可以幸而幾矣是以欲治之君將以有爲於是者必先正其本術定其精而不揺保其誠而弗虧夫然後出言以副情端意以明指世雖亂也俗雖汙也而曰感不效於影響者吾斯之未能信

子華子居於苓塞趙簡子將用之使使者將幣於閭曰寡大夫之使使下臣敬脩不腆以[illegible]先

生之將命者子華子反幣再拜以肅使者而進
之於庭又拜而授辭曰主君之民某如獲罪戾
其敢逃刑以其弗畜之故而適抱薪縲之憂疾
且有間則我請造於朝其敢重辱我主君之命
使者曰寡大夫且有緒言使下臣敬致諸執事
惟是晉國之寵靈願與先生共之先生不違勤
而既以行請祿從者以爵執圭子華子沒階而
進再拜而言曰主君之民某未有職業於朝也
且有惡疾不堪君之命弗敢以與聞再拜而送

使者於門反其室聚帑將行其子弟族立而疑北宮子曰意聞之身脩於私名升於公古今之通誼也主君國之宗卿也政所自出以禮交而弗答無乃不可乎子華子曰意吾以爾為可以忘言也而猶有萌焉夫萌於中必背於外其意之謂矣且彼召我者夫豈徒然哉必有以處我者矣為人之所處者不得安其所自處矣是故古之人慎於其所以處也昔者吾反自郯聞諸夫孔子屬屬焉不忘於心孔子之所志其過人

者遠矣日者主君之召也孔子轍環於河濟而弗肯以濟援琴而寫志命之曰臨河之操其亂曰河之水洋洋兮丘之不濟此命也夫孔子之所以弗至是乃我所以行之也意吾以爾為忘言也而猶有萌焉夫以小人之所察而量君子之心意爾其殆矣北宮子遂強以見趙簡子簡子聞子華子至再拜而迎曰不穀得奉社稷之靈以撫有四封之內先君有禮所以貺賓客而交際之紀廬人實典治之吾子辱而在於敝邑

有日矣以歲之不易而隸人有朝夕之虞願致戍邑方三四十里若五六十里以為芻秣之共吾子共曲意以臨之子華子曰臣也不武年運而徃矣顛毛種種懼不任君之事以為司敗憂也君有四圍以扞四方臣弗堪也明日子華子行食於菟亭之口北宫子曰秦未有失也絕人之善意而又刮迹以去之夫子所以責人者太察矣子華子曰然非爾所及也夫秦丑之志大而求遠非所以望於我者厚則吾無以堪其求

矣且爾亦聞牧野之事乎周之六師壓郊而陳武王韈係解焉有五臣者將受誓事於前王顧而使之係五臣者相目而對曰臣之所以事君王非為係韈者也王不得已乃釋旄鉞而親係之夫人臣能致其君能有所不為然後可以責之以有為人臣能有所不為然後能無不為也本也未能無不為者也能有所不為矣

子華子違趙趙簡子不悦燭過典廣門之左簡子召而語之以其故燭過對曰彼庶人也而傲

侮公上法所弗寘也且無以為國矣簡子曰而
士以兵之燭過至苓塞子華子之行者五日矣
燭過反命曰無及也簡子悔之使使者於齊而
使董安于寓書以招之子華子稽首而來拜拜
以肅使者于庭而授之辭曰主君之亡臣某不
能東脩越在諸侯以為主君憂臣聞之物高於
所耳士高於所守主君之亡臣不佞而有四方
之志其敢以爲執事者之所辱夫丘陵崇而穴
成於上狐狸藏矣谿谷深而淵成於下魚鼈安

矣松栢茂而隂成於林塗之人則蔭矣主君之
亡旦不佞實有隱衷。唯執事者昭明其所存。如
日月之升以光燭於晉國將四海之士重繭狎
至以承主君之令問夫豈惟亡臣亡臣雖復野
死以眞溝𣉻其敢忘主君之賜惟執事者財幸
焉簡子得書召無恤而戒之曰燭過小人也實
使我獲罪於大吾且死汝必反之慎不忘也襄
子曰諾

子華子卷之二

子華子卷之三 四同卷

晋人程本著

北宫子仕

北宫子將仕於衛子華子曰意來子之所以自事其心者亦嘗有以語我乎北宫子曰意未得以卒業也以是樵蘇之弗繼糊其順煩於人雖然謹志其所欲為於善而違其惡也庶幾於完子華子愀然變乎容有間曰意是何言歟善奚足願而惡奚足違吾語若聖人不出天下潰潰

日趨於迷歆以有已而卒於喪已歆以達之於人而卒於失人凡以善故王者作興將以濯滌今世之惛愀去善其殆可乎哉善弗去亂未艾也而又奚以善為北宮子曰噫有是哉願畢其說子華子曰人中虛圓不徑寸神明舍焉事物交滑如理亂棼如涉驚浸一則以之怵惕一則以之忌諱一則以之懲創是則一日之間一時之頃而徑寸之地如焚如水矣夫所謂神明者其若之何而堪之神弗留則蠹明弗居則耗而

文奚以善為古之知道者泊兮如大羹之未
譝譝兮如將孩隨推而遷因蕩而還其精白津
津若遺而復存其神明休休常與道謀去羡去
慕孰知其故今予之言曰謹志於為善則不善
者將誰與邪遠予之所惡則惡將誰歸邪予而
勿受歸而勿納則必有忿悁之心起而與我立
敵矣以我矜願之意而接彼忿悁之心何為而
不鬬鬬且不止小則嚚淩詬誶大則碎首穴胷
大以若之言而幸於完其幾於殆矣北宮子曰

噫若是其甚也子華子曰有甚於吾語若禍之所自起亂之所由生皆存乎欲善而違惡今天下老師先生端弁帶而說乃以是召亂也學者相與熏沐其中扃而亦唯此之事是事禍也父以是故不慈子以是故不孝兄以是故不友弟以是故不共夫以是故不帥婦以是故不從君以是故不仁臣以是故不忠大倫盡敗人紀消亡結轍以趨之而猶恐其弗及也悲夫石碏欲宅其名而殺厚　子輒欲專其國而拒蒯聵寤

生克、毀怨出而突入季友鴆慶父叔向誅鮒羅
糾之妻尸糾於朝莊或作叔仲子欲託其孥於魯
而先斃其室先君厲公一言而殺三郤華督父
并忽或作忍於與夷毛舉其目尚不勝為數也是
皆名為求得所欲而能違所不欲者矣然大倫
斁敗人紀消亡結轍以趨之者而猶恐其弗及
也悲夫吾語若亂之所由生禍之所自起皆存
於欲善而違惡夫人之中虛也不得其所欲則
疑得其所不欲則惑疑惑載於中虛則荊棘生

矣父不疑於其子子必孝兄不疑於其弟弟必
恭夫不疑於其婦婦必貞君不疑於其臣臣必
忠是還至爾效者也百事成而一事疑道必廢
三人行而一人惑議必格大道之世上下洞達
而無疑志堯舜三代之王也無意於王爾天下
治所循者直道故也是以天下和平天下之所
以平者政平也政之所以平者人平也人之所
以平者心平也夫平猶權衡然加銖兩則移矣
載其所不欲其爲銖兩者倍矣故曰矜功者不

立虛願者不至非惟不足以得福而行又以名禍故吾不悅於子之言令子亦平其所養而直以行之何往而不得何營而不就而又奚以善爲且不可以有為也堯曰若之何而善於子之事舜亦曰若之何而善於子之事是上與下爭為善也上與下爭為善是兩實也兩實則烏得平平不施焉則惡得直失其所以平直則堯無以為堯矣舜無以為舜矣吾子謹志於堯舜也而又奚以善為比宮子之衛主於叔車氏叔車

氏有寵於衛君國人害其孌而將討之北宫子
喟然歎曰吾為是遠夫子之言也是以獲戾於
此也吾何以衛為致其所以為臣而歸
晏子治阿三年毁聞於朝公不悦召而將免焉
晏子辭曰臣知過矣請復之三年而譽國善之
謡言四達公將致其所以賞晏子辭焉公曰何
謂也晏子對曰昔者臣之所治君之所當取也
而更得罪焉今者臣之所治君之所當誅也而
更得賞焉非臣之情臣不願也子華子聞之曰

晏子可謂直而不阿者矣晏子之辭受其可以訓矣齊之蕪也固宜夫人之常情譽同於已者助同於已者愛同於已者愛之反則憎必有所立矣助之反則擠必有所在矣譽之反則毀必有所歸矣然而人主不之察也左右執事之臣從而得其所欲為則不禁也世之治亂蓋常存乎兩間齊之蕪也固宜

子華子曰元太初之中氣也天帝得之運乎無窮后土得之溥博無疆人之有元百骸統焉古

之制字者知其所以然是故能固其元為完具之完殘其所固為寇賊之寇加法度焉故曰殘固之謂寇毀賊則為賊夫穿垣竇發鐍鑰其盜之細也夫

子華子卷之三

子華子卷之四

晉人程本著

晁會問

晁會以其私問於程子曰主君何如主也程子曰昔堯舜在上塗說而巷議所不廢也是是非非之謂上試爲吾子言之本也不敢以古事爲考先大夫文子之志也好學而能受規諫立若不勝衣言若不出口身舉士於白屋之下者四十有六人皆能獲其赤心公家賴焉及其歿也

四十有六人者皆就賓位是其無私德也夫好學知也受規諫仁也無私德焉忠也江之源出於汶山其大如甕口其流可以濫觴沿而下控諸羣荊廣袤數千里方舟然後可以濟此無他故也所受於下流者非一壑也夫先大夫文子其訓於昆矣是以有孝德以出公族有恭德以升在位有武德以羞為正卿用能光融於晉國顯輔其君以主盟於諸侯天下賴其仁矣稍之不試者垂十許年今主君懋其勲庸而光賁

於趙宗無以則先大夫文子是焉取則尚德率義以弘大其光烈其將有譽於四方也乃若范氏中行氏弗自充也而以覆其宗鄉此則主居之所知也尾會曰辨矣夫子之言願必進也會得聞而謁諸主君庶幾其有瘳程子曰詩不云乎王欲玉女是用大諫夫糾其邪志而濟其所乏是忠臣之所留察也吾子其勉行之矣本聞之山有猛虎林樾弗除江河納汙衆流是瀦昔者秦穆公以秦之士爲不足也起蹇叔於宛迎

邳豹於鄭取由余於戎授百里奚於市用強其師以伉慧懷于斯時也晉國翦焉惟秦是從是故國以士為筋幹不可以不察也今主君之未得志也有竇叔子者推其後而進之有舜華者挽其不及而使之當於理有吾丘鴆者展布四體以為紀綱之僕本聞之竇叔子之為人也強毅而有立方嚴而不剉其事主也齊戒授濯而無有回心舜華多學而強記恥其所聞不惠於古初其立論娗娗而不可以奪吾丘鴆年下有

五而始以勇力聞及其壯佼也四鄰畏之能以人挍人以車挍車其視大行之險猶之步仞之丘此三臣者舉晉國之選也主君之所與懋昭其庸而光賁于趙宗者也公室六分河山之間龜折而鼎立范氏中行氏不庇其社而顛其宗主君之所不刊則繫此三臣之助今無故而戮於子矣又斃舜華於野以罪名不聞於國人吾丘鴆恐焉褁粮而之於他國主君其未之思耶何其首尾之剌戾也如是則主君之所以遠於

大競者也吾子主君之信臣也夫人誰無過過而能改心焉聖人之所畏也今吾子能弗憚煩而以其耿耿之思務以箴主君之闕遺将國人是賴吾子其勉行之矣

子華子見齊景公公問所以為國柰何而治子華子對曰臣愚以為國不足為也事不足治也有意扵為則狹矣有意扵治則陋矣夫有國者有大物也所以持之者大矣狹且陋者果不足以有為也臣愚以為國不足為也事不足治然

公曰然則國不可以為矣乎子華子曰非然也臣之所治者道也道之為治厚而不薄敬守其一正性内足羣衆不周而務成一能盡能既成四境以平唯彼天符不周而同此神農氏之所以長也堯舜氏之所以章也夏后氏之所以勤也夫人主自智而愚人自巧而拙人若此則愚拙者請矣巧智者詔矣詔多則請者加多矣請者加多則是無不請也主雖巧智未無不智也以未無不知應無不請其道固窮為人主而數

窮於其下將何以君人乎窮而不知其窮又將
自以為多夫是之謂重塞之國上有諱言之君
下有茍且之俗其禍起於欲為也其禍起於願
治也夫有為願治之心而獲重塞之禍是以臣
愚以為國不足為也事不足治也昔者有道之
世因而不為責而不詔去想去意靜虛以待不
伐之言不奪之事循名覈實官庇其司以不知
為道以柰何為寶神農曰若何而和萬物調三
光堯曰若何而為日月之所燭舜曰若何而服

四荒之外禹曰若何而治青北九陽奇怪之所
際是故此王者天下以為功後世以為能以故
記之所道而君之所知也臣聽而不知方而
至於朝也竊有疑焉齊之所以為齊者撫以其
矣鐘鼓柷圉日以振考而和聲不聞司空之刃
鋸斷斷知也而罪罟滋長諸侯之賓客嘗其脣
吻而爭進諛言左右在廷之人主為蔽蒙僮夫
豎隸曉然皆知公上之有惰心也造為謌謠以
蠱君心君曾不知之也冕旒清晨位宁以聽愬

焉以古人自耦君之心則泰矣夫其誰而顧肯
以其一介之鄙試嘗君之嗜好而以卜其不測
之禍臣戇而不知方始而至於朝也竊有疑焉
夷考所由來以君之心勝故也。心勝則道不集
矣。羣臣之不肖者又隨而揚之故其弊因以深
其固如性而君曾不之知也夫以君之明疏瀹
其所底滯而開之以鄉道夫孰能禦之抑臣聞
之萬物之變也萬事之化也不可為也不可究
也因其言而推之則無不得其要者矣敢丐愚

以為國不足為也事不足治也公曰洋洋乎而
之所以言吾欲以有說而無所措吾辭而之道
博大而無倪吾所不能為也嘗曰有以拂吾之
陋心子華子退而食於晏氏
子華子徃見季沈季沈曰自吾從於夫子也轍
迹不遺於四國未有終歲以處也夫子亦勤且
病矣衰也鄙人不通於夫子之量天下失道累
白涸涸而吾夫子駕其說將安之衰將有以請
而弗敢也願賀之於吾子子華子曰然仲尼天

也其可違物而莫處乎其可絶物而自營乎曰月不宇宙四指必迷所鄉矣仲尼人之準繩也仲尼之轍迹則病矣而亦皇暇之恤季沈曰敢問吾子之不試何也子華子曰本也何足以望夫子夫子軫方而轂圜者也將無乎而不可我則有所可也夫以我之所可而從夫子之無乎不可逝將從其後也

子華子卷之四

子華子卷之五六卷同

晏子　　晉人程本著

子華子謂晏子曰天地之間有所謂隱戮者而莫之或知知之者其幾於道乎晏子曰何謂也子華子曰天地之生才也實難其有以生也必有所用也如之何其將擁之蔽之而使之不得以植立也夫天地之所大忌也日月之所燭燎也陰陽之所杌移也鬼神之所伺察也是以帝王

之典進賢者受上賞不薦士者罰及其身善善而惡惡其實皆衍于後嘗試觀之夫物之有材者其精華之蘊神明之所固護而祕惜不可以知力窺也蒙金以沙固玉以璞珠之所生漩栢之淵而隈澳之下也豫章楩柟之可以大斲者必在夫大山穹谷孱顏嶇峿之區抉剔之掎摭之剥削之苟不中於程度則有虎狼蛟鼉虺蜴之變雷霆崩墜覆壓之虞何以故天地之生才也實難其有以生也必有所用也如之何其將

壅之蔽之而使之不得以植立是謂之違天而黷明違天而黷明神則殛之雖大必折雖炎必撲荒落而類也敗而族夫是之謂隱戮隱戮也者陰騭之反也如以匙鑰也如以璽印金也必以其類其應如響晏子曰駭乎哉吾子之言也嬰也願逆其所以聞子華子曰大夫無是怪於余之所以言也余之所以言其有以云也今夫人之常情為惡其毀也成惡其虧也於其所愛焉若則必有恪固之心恪固之心萌於中虛

卒然而攻其所甚愛則必曹起而爭爭而不得則必氣沮而志奪氣沮而志奪則拂然而怒憤乎膺拂然而怒憤乎膺則將無與為敵者矣天地之所以生材也甚愛之甚惜之則其所以有恪固之心曾何以異夫人之常情世之人莫之或知也徒恃其智慮之私與其狡譎變詐之數翕翕而訿訿巧詆而滑排規以幸人不已勝也夫人之勝人也何有天地之鑒也神明之照也其可畏也甚可怖也如彼之氣沮而志奪怫然

而怒以充塞乎兩間偏俱厄癘聚而為陰陽之罰其由於人也必慘矣是必至之勢而無足經逕者悲夫世之人莫之或知知之者其幾於道矣本晉國之鄙人也嘗得故記之所以道者矣昔先大夫欒武子之在位也夙夜靖共矯枉而惠直不忘其職守而以從其君厥有顯聞布在諸侯之册書逮其嗣主則不然弗類于厥心放命以自賢怙寵專權翦弱棄人士圖以封殖于厥躬國人疾視之知日有睽焉日移其志以速厥

罰欒氏以亡昔先大夫隨武子之在位也明庸
以博識晉國之舊老也然且諮焉而不自居惟
司余有所不見惟曰余有所不知惟曰余有所
不聞暝有所忘旦而弁諸公是以晉國之士無
遺其材者用能尤異屬著以有立朝父子兄弟
以世及也而爲晉宗卿逮其嗣主則不然嚚嚚
自庸而巧持其非心毀本塞原甚於廸目惟諛
佞之小夫是矚是用絜然知者遠之洒然善者
伏藏以在下日移其忌以速厥罪范氏以亡昔

先大夫中行文子之在位也挍職俊良振其
淹人之有技能如出於厥躬愘謹弗解惟力是
視是以能相其君以尋盟諸侯逮其嗣主以苛
為察以欺為明以刻為忠以計多為善以聚斂
為良崩角摘齒恐人之軋已也門如鬧市惟利
是視憸人乘間而會逢其惡極其回邪如鬼如
蜮日移其志以速厥罰中行氏以亡凡比三主
者晉國之世臣也所謂崇蘊穹窿而不遷之宗
也而又其先大夫皆有玄德以媚于上下神祇

其在嗣主荒墜厥訓用以覆宗滅緒餒其先靈而不得以血食于晉國無他故也恃其盛強昌庚而蔑棄於理憑人而勝天藏伎於中而以之違天地之所略固是以其酷如是也而況於單族後門之士竊人之爵禄而邀覬於一時之幸虛猲而恫疑且懼人之出於其上也疑似之迹明明同異之志未講而壅之蔽之使之不得以植立也則其得禍也必有深於晉之[illegible]上者矣夫築垣墉者務其高而不務其實高不隱仞[illegible]

[illegible]之矣以兩手而揜人之聰明自以為得
而不知其聾瞽之疾已移於己也悲夫夫豈不
為之大哀矣乎晏子曰駭乎哉言也微吾子嬰
無所聞之嬰也請刻諸佩觿以志其不忘也
晏子問於子華子曰齊之公室懼畢矣何子華
子曰夫人之有欲也天必隨之齊將畢是求夫
何懼而不獲昔者軒轅二十五宗故黃祚衍于
天下于今未忘也宗周之王也姬姓之封者凡
七十夫指之不能率其臂猶臂之不能運其體

也今齊自襄桓以來斬斬焉朝無公姓野無公田帶甲橫兵挾轂而能戰非公士也結緌纚纚位列而籍居非公臣也公族之子若其孫散而之於四方惟童隸是伍公所以與俱者自有肺腸者也於詩有之豈無他人不如我同姓何以是踽踽而以臨於人上也齊將畢是求夫何懼而不獲今之人分財賄而設鉤策焉非以夫鉤策者為能均也使善惡多寡無所歸其怨也是以聖人窮造物以為識量然且龜卜筮蓍以

次。所以立言於公也。聲出而應律身出而協人

然且權量尺石以為器所以立正於公也義識

而理訓舉天下無敢以容其議。然且書契章程

以為式。所以立信於公也。德澤汪濊威制宏遠

盡四海之大無不面納然且法度禮籍以為準

所以立義於公也今齊則不然所以為國舉出

於私矣非止乎此而已也而又公歛其怨。私受

其福矣。公竊其名。私享其實矣。齊之忘於公室

也非一日也故齊將畢是求夫何懼而不獲

子華子曰昔先王之制法也有本術焉有末度焉因而弗作守而弗為去羡去慕與四時分其敘與寒暑一其度不言而民以之化不令而民以之服是以能因則大矣能守則固矣夫有心於作法之細也作而刻其真法之原也法也者制世之麤迹也而且不可以容心焉而況於營道術乎於傳有之循道理之數而以輔萬物之自然六合不足均也七十九代之君其為法不同而俱王於天下用此道也

子華子卷之五

子華子卷之六

晉人程本著

晏子問黨

晏子見於子華子曰日者嬰得見於吾子惡夫羣臣之有黨也曰子將何方以弭之嬰願以意也吾子幸教以所不逮虛心以承子華子曰嘻君之及此言也齊其殆矣乎游士之所以附於君之朝以黨敗之也人主甚惡其黨則左右執事之臣有以藉口矣夫左右執事之臣其託寵

也深其枝根幹也則背誕死黨之交布散[illegible][illegible]
聯累羅絡而為之蹤苟非其人也則小有異焉
者不得以參處乎其中間也士以廉潔而自好
者夫孰肯舍其昭昭以從人之昏昏洒焉若將
有浼焉必不容矣是以左右執事之臣因其脩
而黨之曰黨人也人君曾不是察隨其所甚惡
而甘心焉於是有流放戮辱之事夫士之自好
者削斷數椽足以自庇而一簞之食足以糊口
其孰肯以不貲之軀而投人主之所必怒者耶

嘻君之及此言也齊其殆矣乎小人之始至於齊也小異者不容而已矣今則疑似者削跡矣小人之始至於齊也媕婀脂韋者未必御也今則服冕而乘軒者矣小人之至於齊為日未數數也而其變更如此齊其未艾也人君曾不是察而左右執事之臣又原君之所甚惡因以際游士之修舉齊之朝將化而為私人也日往而月易築壇級於公宮而君不得知也嘻君之及此言也齊其殆矣乎

子華子謂晏子曰夫治有象大夫亦嘗聞之矣乎晏子曰嬰願聞之於吾子矣子華子曰治古之時其君之志也端以有修其臣同德比義而無有異心朝無幸位事無失業其四野之外耒耜從其宜溝畎以其便其民愿而從法疏而弗失上下翕翕惟其君之聽盩氣伏息災疫不作四鄰寢兵而珪玉纁幣以承其權此非治象而云何今齊之正言不聞聰明不開朝茀而不除野荒而荐饑其去治象也遠矣無等級以寄言

者矣本聞之下無言謂之喑上無聞謂之聾聾
喑之朝上有放志而下多忌諱齊之謂也且合
升勺龠合以登之斛廩則成矣太山之高非一
石之積也瑯琊之東渤澥稽天非一水之鍾也
所以治國家天下者非一士之言也今齊之埶
事者其倖矣乎墨以為明孤而為蒼以一為二
以二為三公不能禁也植黨與而獲其所同忌
前而排孤媕婀脂韋者日至於君之前固寵而
恃便公不能禁也猶之買馬者然不論其足力

而以色物毛澤而為儀則廐無走馬矣儈之售玉者然不論其廉貞温粹而無瑕者而以大小徑廣為儀則篋無連城矣惟士亦然論上下以其才而以勢地為儀則伊尹仲父不立於朝矣且齊之為國也表海而負嵎輪廣隈澳其塗之所出四通而八達游士之所湊也今齊居之所習而狎者非鮑國之私人則崔田之黨也游士無所植其足矣游士無所植其足則憑軾結轍而違之夫游士之所以去則治象之所以不存

也本聞之窮鄉下里其為叢祠也不過於卮酒而臠肉蕪國之社不難於請福今齊之蕉萃也甚矣所欵以為治者不半於古之人而功則畧具矣夫子之於齊君也朝夕進見而猶固惜自愛也獨不出其謦欬而規以振起之夫子之仁心抑巳褊矣晏子曰善微吾子嬰無所聞之嬰之於君大㲋之臣也吾子之言之也嬰有罪矣

晏子問於子華曰聖人尚儉於傳有之乎子華子曰有之夫儉聖人之實也所以御世之具也

三皇五帝之所留察也晏子曰嬰聞之堯不以土階為陋而有虞氏怵戒於塗髹其尚儉之謂歟子華子曰何哉大夫之所謂儉者夫儉在內不在外也儉在我不在物也心居中虛以治五官精氣動薄神化回濡畜其所以出而謹節其所受然後神宇泰定而精不搖其格物也明其遇事也剛此之謂儉而聖人之所寶也所以御世之具也三皇五帝之所留察也何哉大夫之所謂儉也夫視入以為出庾氏之職業也堞大臘

而制餘商賈子之所為也中人之家計口然後食閭里之志也乃若天子者大宫也有天下者大器也䭜萬品御萬民窮天之産罄地之無無有不共無有不備此則古今常尊之執也亦何而以閭里之所志商賈子之所為吏氏之職業仰而議夫舜堯之量哉此腐儒之所守而汙俗之所以相欺者也上階塗縣之說野人之所稱道而於傳所不傳者也本聞之堯居於衢室之宫垂衣而發幅遼如神明之居輯五瑞以見羣

后帶幅舄而入覲者如衆星之拱北堯則若固有之也舜遊於嚴廊之上被袗衣而鼓五絃之琴畫日月於太常備十有二章黼黻玄黄爛如也出則有鸞和動則有珮環步趨中於韶之節舜亦若固有之也夫堯舜之備物也如此而惡有所謂土階三尺茅茨不翦者惡有所謂塗豨以自休戒者此腐儒之所守而汗俗之所以相欺者也故記所不道也桀紂之亡天下也以不仁而不以奢也戒奢者有禮存焉禮之所可

存約則殺可豊則腆豈有覽四海之賦受九畡
之繆入而亡階以居欲以塗髹而不敢也其不
然也必矣且先王之制也佩玉則改行旂旒冕
璪以示登降之品今汙世人不通於禮也處尊
而偪賤居大而侵小夫以至公之尊而圉隷以
自奉難爲其下矣不惟以陋於厥躬也而又旁
無以施其族黨上不豊其宗祧曰吾以是爲儉
也不亦夷貊之人矣乎晏子曰善微吾子嬰無
所聞之也終不敢以論約

子華子卷之六

子華子卷之七 八卷同

晉人程本著

執中

子華子曰聖人貴中君子守中中之為道也幾矣寓中六指中存乎其間兩端之𫑚而中不廢也是故中則不既矣。小人恣睢好盡物之情。而極其執。其受禍也必酷矣。何以言之朱明長贏不能盡其所以為溫也必隨之以揫斂之氣而為秋玄武沍陰不能盡其所以寒也必隨之以

敷榮之氣而為春孰爲比者天也天且不可以盡
而況於人乎是故誠能由於中矣一左一右雖
過於中也而在中之庭一前一郤雖不及於中
也而在中之皇及小人好盡則遠於中矣遠於
中則必窘於邊幅而裂矣必觸於巖牆而僵矣
必墜於阬塹而亡矣如以石而投之於淵也不
極則不止矣悲夫天道惡盡而昧者不之知也
古之君子齋戒以滌其心奉之而不敢失若其
中之謂歟天地覆壓中不磨也陰陽並交中不

渝也五色玄黃亂於前中不失也悲夫世之小人快其志於俄頃之久而促失其所以為中也危國喪身而不早悟也惟其惻然而以中怛之怛之而不早悟也是之謂下愚而不可動化者也

子華子曰天之精氣其大數常出三而入一其在人呼則出也吸則入也是故一之謂專二之謂耦三之謂化專者才也耦者幹也化者神也凡精氣以三成三者成數矣宓犧軒轅所柄以

計者也赫胥大庭惝恍如有所遺者也故曰出於一立於兩成於三連山以之而呈形歸藏以之而御氣大易以之而立數也

子華子曰道之所載四出拓或作宕坦有足者斯踐之矣夫何故平故也悏潏濛澒而無不容一與二二與三吾不知其攸然而同謂之平夫何故虛故也惟虛為能集道惟平為能載道無所於閡無所於忤虛之至也左不偏於左右不偏於右無作好也無作惡也如懸衡者然平之至

也心胸之兩間其容幾何然則歷陸嶔崛太行
鴈門横塞之靈臺之關勺水之不通而奚以有
容嗜欲炎之好憎氷之炎與水交戰焉則必兩
相傷者矣是故華四擴則裂胃中滿則充薄氣
發喑惴怖作狂積憂損心心氣乃焦故曰一虛
一平而道自生一平一虛而道自居
子華子曰王者樂其所以王亡者亦樂其所以
亡故烹獸不足以盡獸嗜其脯則幾矣王者有
嗜乎理義也亡者亦有嗜乎暴慢也所嗜不同

其禍福亦不同也、
子華子曰生者死之對有者無之反庳者隆之因。虧者成之漸。大道無形無數無名無體以無體故無有生死以無名故無有有無以無數故無有隆庳以無形故無有成虧既已域於四象者矣完不能無毀也是以韋革雖柔擴之則裂礦石雖堅攻之則碎剛柔重輕大小長短雖不同也同於一畫故古之制字字為之畛而文亦如之

子華子曰周天之日為數三百有六十閏月之
時為數三百有六十天地之大數不過乎此五
方之物其為數亦如之鱗蟲三百有六十震宮
蒼龍為之長羽蟲三百有六十離宮朱鳥為之
長毛蟲三百有六十兌宮麒麟為之長介蟲三
百有六十坎宮伏龜為之長倮蟲三百有六十
盈宇宙之間人為之長一人之身為骨凡三百
有六十精液之所朝夕也氣息之吐吸也心意
知慮之所識也手足之所運動而指股之所信

至也皆與天地之大數通體而為一故曰天地之間人為貴

子華子曰撞鈞石之鍾六樂合奏於庭所以寫樂也而隱憂者臨之而泣悲不主乎樂故也鬱橋而行歌促絃而急彈所以寫憂也而安恬者得之而愈歡不主於憂故也然則憂樂在外也所以宰之者內也內之所感藉著互色東西貿區而昧者則不之知也故曰觀流水者與水俱流其目運而心逝者歟

子華子曰渾淪鴻濛道之所以為宗也徧覆包涵天之所為大也昭明顯融帝之所以為功也道無依阿天無從違帝無決擇然則心烏乎而宅道心天也天心帝也帝心人也人之心莫隱乎慈莫便乎恕赤子匍匐使我心惻隱於慈故也陵波而先濟跛而望乎後之人便於恕故也此心之弗失焉可以事帝矣可以格天矣可以入道矣此心之弗存焉道之所去也天之所違也帝之所誅也古之制字若此茲為慈如是為

恕非其心也則失類而悲是以挾道理以御人
羣者膚誣而忽諸
丁華子曰凡物之所有由者事之所以相因也
理之所以相然也軸之軸車由所以相運也紬
之紬思或作絲由是以相屬也姓㑜之由族由是
以有分也橘柚之柚味由是以有別也宇宙之
宙理由是以有傳也禾之油油穀由是以登也
雲之油油雨由是以降也憂心有妯心由是以
動也左旋右抽軍由是以正也故凡物之所由

有者事之所以相因也理之所以相然者也

冠子卷之七

子華子卷之八

晉人程本著

大道

子華子曰大道有源其源甚真名曰空洞空洞無有是生三元三元之功同立於玄縱而守之是謂三極衡而施之是謂三紀上下貫焉是謂三才一之所成萬紀以生一之所綱萬有以藏是故空者無不備之謂也洞者無不容之謂也

大道之源其源甚真無物不禀無物不受無物

不度廣盡於無畛細淪於無閒付畀稟受而不
加貧囏酢應對而不加費故曰通於一萬事畢
此之謂也
子華子曰仰而視之玄在焉俛而察之玄在焉
旁行而四達玄在焉迎而望之玄參乎其前也
掘足窘行去而違之玄瞠乎其後也是故玄無
所不在也人能守玄玄則守之不能守玄玄則
舍之
子華子曰火宿於心炎上而排下其神漂而無

準人之慕急於取禍者心使之也木宿於肝觸突干抵而銳其神狷束而無當人之樸戇以取禍者肝使之然也金宿於肺礰訇而不屈聱而不能仰也其神闊踈而無法人之訐決以取禍者肺使之也水宿於腎瑟縮以湊險其神伏而不發人之婷婀䀹韋以取禍者腎使之也土宿於脾磅礴而不盡其滲漉也下注而不止其神好大而無功人之重遲澀訥以取禍者脾使之也火氣之喜明也木氣之喜達也金氣之喜辨

也水氣之喜藏也土氣之喜發生也是故事心
者宜以孝事肝者宜以仁事肺者宜以義事腎
者宜以知事脾者宜以誠實而不詐五物宿於
其所喜五事各施其所宜外邪之不入內究之
不泄夫是之謂善忘
子華子曰甚矣世之人注其目於視也目奚足
信令有美麗佼好之人人之所同悅也然而蒙
之以倛首則見之者棄之而走更之以輊紈阿
裼焉則向之走者留行矣甚矣世之人注其目

於視也目奚足信
周舍見子華子曰舍聞之身修而名不立無為
於擇術矣廣羞百品雜進於盤几而咽不下無
為於貴饌矣抱璧而徒乞無為於貴寶矣敢問
夫子之所以忘子華子曰然金槩之於量也不
能以容於所不受尋墨之於度也不能以及其
所不至鈞天廣奏飛鳥過而不止崇檻續栱綵
狖逃焉且貞動而方息所性不同也火炎而水
流君使之然也今以大夫之所處而議本之所

以志必不諧矣無以則有一焉而頹因以有獻
也夫六虛有精純粹美之氣而不敢傳焉託於
物以寫其響流於形於萬有而不敢以有為試
嘗論其微矣佼麗之苦窳也而醜則堅牢華壁
之易以碎也而金鐵則難陶甚矣物之不可以
全也如是是不可以一方取也是不可以一伎
為也惟知道者幾幾乎其能全今大夫少修而
端愨壯長伉以有立方將揭其昭明焉而以為
人之的其犯難也果其量物也褊而又且徑徃

而直前矯拂人之所不欵而規以自立甚無所
用之虛名此非本之所得知也夫目之明能見
於百步之外而顧不見其背也惟墻之後則無
睹也無以則有一焉而賴因以有駃也
子華子曰萬物玄同孰是而孰非孰知其初孰
知其終吾無得其所以然也命之曰一一者衆
之有宗也道得之謂之太一天得之謂之天一
帝得之謂之帝一帝一也若立乎環中扣其響
而不得也味其臭而不得也渾渾兮如有容泊

兮如未始出其宗茫茫兮如無所終窮天一也者為而不宰成而不有機之所由以出焉機之所由以入焉太一也者無不有家能化一以為二化二以為三因三以成萬物故曰一之變大矣在三而三在九而九有萬不同而曾干一術通乎一術無一之不知昧乎一術無一之能知是故音聲顏色臭味之數不過於五五者立於一一立而萬物生矣

子華子曰寒濕溫燥晦明之變則大矣形恒處

化則涸而其形無盡喜怒哀樂思慮之化則備
矣神經乎變則涸而其形有餘正氣之在人也
上下灌注如環之無端莫知其紀極也不可以
為量也是能使其形之所澤鬱鬱勃勃而不可
屈是能使其形之所宅完固靜專而不可撓是
故能通於養氣之術者不可以務　也且氣
不勝邪攻之矣攻之而不已則氣必剉剉之而
不已則向於消亡矣正氣漸盡邪術壮長心傷
於中而色澤外變神去其幹而死矣是以古之

知道者築壘以防邪蹠源以毓真深居靜慮不為物攖動息出入而與神氣俱魂魄守戒謹窒其兌專一不分真氣乃存上下灌注氣乃流通如水之流如日月之行而不休陰營其藏陽固其府源流浻浻滿而不溢沖而不盈夫是之謂久生

子華子曰人之性其猶水然水之源本甚潔而無有衰穢其所以湛之者久則不能以無易也易而不能反其本初則遂復絕於自性若吳之

故方圓曲折湛於所遇而形易矣青黄赤白湛於所受而色易矣砰訇淙射湛於所閡而響易矣洄洑瀲溶湛於其所以容而態易矣醎淡芳奥湛於其所以染而味易矣凡此五易者非水性也而水之所以為性者則然矣是故古之君子慎其所以湛之

子華子曰天地之大數莫過乎五莫中乎五五居中宫以制萬品胃之實也沖氣之守也中之所以起也中之所以止也龜筮之所以靈也神

響之所以豐融也通乎此則條達而無礙者矣

是以二與四抱九而上躋也六與八蹈一而下沉也戴九而履一據三而持七五居中宮數之所由生一從一橫數之所由成故曰天地之大數莫大乎五莫中乎五通乎此則條達而無礙者矣

子華子卷之八

子華子卷之九 卷十同

晋人程本著

北宫意問

北宫意問曰上古之世天不愛其寶是以日月淑清而揚光五星循軌而不失其次鳳凰至蓍龜兆甘露下竹實滿流黃出朱草生敢問何所脩為而至於是也子華子曰異乎吾所聞夫禎祥瑞應之物有之足以備其數無之不缺於治也聖王不識也君子不道也治世所無有也上

古之世居有以虛宰多以少所以同扵人者用
舍也所以異扵人者神明也神明之運其由也
甚微其效也甚徑與變相蕩遷與化相推移陰
陽不能更四序不能虧洞扵纖微之域通扵恍
惚之庭挹之而不沖注之而不滿彼其視鳳凰
麒麟也豢牢之養爾彼其視醴液甘露也甽澮
之寫爾彼其視芝房竹實凡草木之異者畦圃
之毓爾彼其視玉石瓌怪凡種種之族者篋襲
之藏爾故曰聖王不識也君子不道也治世所

無有也昔者有虞氏彈五絃之琴以歌南風之詩而光被四表格于上下周公之佐成王也希膳不徹於前鍾鼓不解於懸而歌維詠勺六脤承德凡禎祥瑞應之物有之足以備其數無之不缺於治聖王已沒天下大亂父子質性君臣失紀未有甚於今日也然且日月星辰衡陳於上與治世同焉而已矣故曰天道遠人道邇待蓍龜而襲吉福之末也顛蹶望拜而謁焉其待則薄矣故聖王不識也君子不道也治世所無

有也吾恐後世之人主方且雎雎盱盱唯此之
事而為人臣者巧詐誕譎以容悅於其君舍其
所當治而責成於天借或氣然而數繆也忽有
鍾其變者色澤狀貌非耳目之所屬也於是奉
以為祥君臣動色士庶革聽以至作為聲歌而
薦之於郊廟錯采繢畫而以夸諸其臣民奄然
以為後世莫我之如也彼其郤數於上世其所
謂犧牢之養也明滄之寫也畦圃之疏也篋襲
之藏也章章焉如日星之在上也乃始矜跂而

以為希有之事為世而不可以幸冀者也其
去亦弗該於帝王之量者矣
子華子居於苓塞北宮意公仲承侍縱言而及
於醫子華子曰醫者理也理者意也藥者瀹也
瀹者養也腑藏之伏也血氣之留也空竅之塞
也關鬲之礙也意其所未然也意其所將然也
察於四然者而謹訓於理夫是之謂醫以其所
有餘也而養其所乏也以其所益多也而養其
所損也反其所養則益者彌損矣反其所養則

有餘者彌之矣察於二反者而加疏瀹焉夫是之謂藥故曰醫者理也理者意也藥者瀹也瀹者養也北宮意曰正惟是世俗之醫所不能為也雖然意聞之也有所資於意不如無意之為愈也有所待於養不如無待之為愈也敢問人有精神也其升降上下與晝夜相通也與天地相灌注也其為種凡有幾子華子曰意善哉而之問也觸類以演之進乎此則與知道者謀矣吾次其所以學也而擇取之矣夫天降一氣則

五氣隨之寄備於陰陽合氣而成體故有太陽有少陽有太陰有少陰陰中有陽陽中有陰故陽中之陽者火是也陰中之陰者水是也陽中之陰者木是也陰中之陽者金是也土居二氣之中間以治四維在陰而陰在陽而陽故物非土不成人非土不生北方陰極而生寒寒生水南方陽極而生熱熱生火東方陽動以散而生風風生木西方陰止以收而生燥燥生金中央陰陽交而生濕濕生土是故天地之間六合之

内不離於五人亦如之血氣和合榮衛流暢五藏成就神氣舍心䰟氣畢具然後成人是故五藏六腑各有神主精稟於金火氣諧於水木精氣之合是生十物精神魂魄心意志思智慮是也生之所自謂之精兩精相薄謂之神隨神往反謂之䰟並精出入謂之魄所以格物謂之心心有所憶謂之意意之所存謂之志志之所造謂之思思而有所顧慕謂之慮慮而有所決擇謂之智夫於智十累之上也至於智則知所以

持矣知所以持則知所以養矣榮衛之行無失厥常六腑化穀津液布陽故能久長而不弊流水之不腐以其逝故也戶樞之不蠹以其運故也是以精上則滯神惛則伏寃拘則沉魄散則耗心忮則惑志鬱則陷意營則罔思濫則殆慮殫則蒙智礙則愚故所謂持者持此者也所謂養者養此者也意善哉而之問也觸類以演之進乎此則與知道者謀矣公仲子曰夫子之言也而之問也承也得所未之嘗聞如發蔀焉願

夫子益其說而稽微其所以解也子華子曰然言固不可以一而足也夫心也五六之主也精神之舍也心之精為火其氣為離其色赤其狀如覆蓮其神為朱鳥其竅上通於舌肝之精為木其氣為震其色青其狀如懸瓢其神為蒼龍其竅上通於目肺之精為金其氣為兑其色白其狀如懸磬其神為伏虎其竅上通於鼻腎之精為水其氣為坎其色黑其狀如介石其神為玄龜其竅上通於耳脾之精為土其氣為戊己

其色黄其狀如覆盂其神為鳳凰其竅上通於口是故脾腎心肝肺五官之司口舌鼻耳目五官之候脾之藏意腎之藏精心之藏神肝之藏魂肺之藏魄金木水火土五精之總也寒熱風燥濕五氣之聚也水以潤之火以熯之土以溽之木以敷之金以斂之此以其性言也水之冽也火之炎也土之蒸也木之溫也金之清也此以其氣言也水在下火在上土在中木在左金在右此以其位言也水之平也火之銳也土之

圜也木之曲直也金之方也此以其形言也水則因火則革土則化木則變金則從革此以其材言也水井溢也火爨治也木金器械也土爰稼穡也此以其事言也夫盈於天地之間而充物者惟此五物也凡五物之有不可無也其所無不可有也微者養之使章弱者養之使強損者養之使益不足者養之使有餘無物不養也無物不備也夫是之謂和喜怒哀恐思不能汩也視聽言貌思不能奪也夫是之謂大和之國

無待於意而爲醫大和之俗無待於拳而爲醫
不以物滑和不以欲亂情中無載則道集於虛
矣心無累則道載於平矣安平恬愉吐故納新
靜與陰同閉動與陽俱開若是者由人而之天
合於太初之三氣矣以之正心脩身治國家天
下無以易於此術也吾之說盡於此矣二子拱
而退書以識之

子華子卷之九

子華子卷之下

晉人程本著

神氣

子華子曰古之至人探幾而鉤深與天通心清明在躬與帝同功是以進為而在上則至精之感流通而無礙以上行而際浮以下行而極憂以旁行而塞於四表不言而從化不召而效證以其所以感之者內也伏羲神農之世其民童蒙瞑瞑蹎蹎不知所以然而然是以來年黃帝

堯舜之世其民樸以有立職職植植而弗鄙弗
失是以難老末世之俗則不然煩稱文辭而實
不效知譎相誕而情不應蓋先霜霰以戒裘爐
者矣機括存乎中而羣有詐心者族攻之於外
是以父哭其子兄喪其弟長短顛牾百疾俱作
時方疫癘道有繈負兖征偪萬怪以生所以
然者氣之所感故也夫神氣之所以動可謂微
矣日月薄食虹蜺晝見五緯相凌四時相乘水
涸山崩宵光晝冥石言犬痾夏霜冬雷繆盭之

族諸禍之物不約而總至所以然者氣之所感
故也夫神氣之所以動可謂微矣故曰天之與
人其有以相通此之謂也
留務茲從子華子游者十有二年日相屬而言
不接也業成而辭歸將隱居於五源之溪子華
子曰天下之物有甚滑稽而難持者女知之矣
乎疾之則脫緩之則澀焉以逝非堤圜之謂也
而所謂善持者能為之於疾徐之間令女之所
治吾無間然者矣然子之志則廣取而汎與咎

也吾恐女之後夫擇者也其將有剽女之外郛而自築其宮庭者矣登女之車而乘之以馳騁於四郊者矣取女之所以為璧者毀裂而玉分之者矣夫道固惡於不傳也不傳則妨道又惡於不得其所以傳也不得其所以傳則病道今女則往矣而思所以慎厥與也則於吾無間然者矣

子車氏之㹅其色粹而黑一產而三豚焉其二則粹而黑其一則駁而白惡其弗類於己也嚙

而殺之決裂其腎腸糜盡而後止其同於亡者
寧之惟謹而恐其傷也子華子曰甚矣心術之
善移也夫目眩於異同而意怵於愛憎雖其所
自生殺之而弗悔而況非其類矣乎今世之人
其平居扣握附耳呫呫相為然約而自保其固
曾膠漆之不如也及勢利之一接未有毫釐之
差蹴然而變乎色又從而隨之以兵甚矣心術
之善移也無以異乎子車氏之獀
宋有澄子者亡其緇衣順塗以求之見婦人衣

緇衣焉援之而弗舍曰而以是償我矣婦人曰
公鉏亡緇衣然此吾所自為著也澄子曰而弗
如速以償我矣我昔所亡者紡緇也今子之所
衣者禪緇也以禪緇而當我之紡緇也而豈有
所不得哉子華子曰夫利之惛心也幸於得而
已矣忘其所以為質者矣幸於得而忘其所以
為質矣夫何所憚而不為之哉今世之人求其不
為澄子者或寡矣

子華子曰今世之士其無善歟川閔水以成川

所出入也其石皴栗爛如赭霞藹草之芳從風
以揚龍耕溪飲為力也伏而坐嘯行歌可以卒
歲今先生之年運而往矣而其所以蘊藏者無
期惟是河汾之間不吾容也而寄食於海瀕歲
又弗稔其何以供億今之諸侯其地相埒也其
德相若也先王之車軨其將誰氏知之是以子
留子使賓胥也敬以有請無寧先生而肯照臨
於山溪之中將使斯人也耳聞而目明先生豈
無意於此子華子曰爾歸而語而夫子矣而以

所以屬於我者渠渠不忘於我之心鼎鼎如也吾聞之太上違世其次違地其次違人而之所志其違地矣乎曩者吾有緒言於會矣曰我必死爾以吾骨反而渡河以從吾先人於苓塞之下我之意也已有所在矣不得而從於爾之求矣夫志之所存雖逖而親雖缺而成彊裂壞斷不吾間也而今而後吾之神爽坐馳於五源之間而亦將朝夕而惟余是從吾何必往也嘻來賁胥我之不得往猶而夫子之不得來也詩不

云乎莫往莫來使我心疚吾之與而其千也
弗覲矣夫
子華子自齊而歸召子元子而訓之曰來爾會而
小人其謹志之昔吾之宗君為周日正周公作
成周定鼎於郟鄏偕和周郊於是吾之宗君薦
其所以為祥者其族有三曰井里之璞也曰太
山之器車也曰唐叔異畝之禾也唐叔得禾異
畝同穎吾之宗君請以為獻王命分寶玉于魯
公時肅展親歸禾於周公作歸禾周公旅天子

之命作嘉禾是以吾之宗君始有蒲璧以朝作
程典令其顯庸書在故府逮宣王之時吾之宗
君入董六師為王廟臣是曰司馬司馬之後凡
九世而其子孫或播居於汾河之間十有一世
而國并於温先大夫宣王之棄世也背違其群
而吾之宗君厥有大造於趙宗如瓜苗之有術
我是以庇其榮而食其實及吾之身雖不釋於
簡主而趙則真吾姓之所宗氏也今主君之為
人強毅而法能忍詬而無懸挺挺而不回且受

人之規言其將光啓于趙氏之業而大其前人
吾且老矣而不得以相其成來爾會而小人其
謹志之其勿有二心以事主君惟是寇窃之事
吾之所以後其先人者弗儉弗修允釐其中其
勿以世俗之垢昏而以浼我之所脩乃若爾會
之所以自勖者則惟無宗君之忝其於我亦預
有無窮之聞來爾會而小子其謹志之

千華子卷之下

周·程本撰

子華子二卷

明嘉靖間刊本

子華子序

護左都水使者光祿大夫臣向言所校讐中子華子書凡二十有四篇以相校復重十有四篇定著十篇皆以殺青書可繕寫子華子程氏名本字子華晉人也晉自頃公失政政在六卿趙簡子始得志招徠賢儁之士爲其家臣子華子生於是時博學能通墳典丘索及故府傳記之書性闓爽善持論不肯苟容於諸侯聚徒著書自號程子名稱籍甚聞於諸侯孔子遇諸郯歎曰天下之賢士也簡子欲仕諸朝而不能致乃遣使者奉纁幣聘以爲爵執圭是時簡子殺竇犢及舜華孔子爲作臨

河之操子華子亦逡巡不肯起簡子大怒將脅之以兵子華子去而之齊齊景公不能用也子華子館於晏氏更題其書曰子華子簡子卒襄子立子華子反於晉時已老矣遂不復仕以卒今其書編離簡斷以是門人弟子共相綴隨記其所聞而無次叙非子故所著之書也大抵子華子以道德爲指歸而經紀以仁義存誠養操不苟於售唯孔子然後知其賢齊大夫晏平仲與之爲久要之交當時諸侯以勢相軋爭結怨速禍日以權譎爲事子華子之言如持水納石不相醻荅卒以不遇可爲酸鼻謹目錄臣向昧死上

子華子卷上

陽城胥渠問

晉人程本著

陽城胥渠因北宮子以見子華子曰胥渠願有所謁也夫太初胚胎萬有權輿風轉誰轉三三六六誰究誰使夫子聞諸故記者審矣其有以發也胥渠願承其餘子華子曰噫嘻本何足以識之請以嘗試言之而子亦嘗試而聽之夫混茫之中是名太初實生三氣上氣曰始中氣曰元下氣曰玄玄資於元元資於始始資於初太眞剖割通三而為

一離之而為兩各有精專是名陰陽兩兩而三之數登於九而究矣是以棲三陰之正氣於風輪其專精之名曰太玄棲三陽之正氣於水樞其專精之名曰太一太一正陽也太玄正陰也陽之正氣其名赤陰之正氣其色黑水陽也而其伏為陰風陰也而其發為陽上赤下黑左青右白黃潛於中宮而五運流轉故有輪樞之象焉水涵太一之中精故能潤澤百物而行乎地中風涵太玄之中精故能動化百物而行乎天上上赤之象其宮成離下黑之象其宮成坎夫兩端之所以平者以中存

乎其間故也中名未立兩端不形是以坎離獨乾
乎中氣中天地而立生育萬物新新而不窮陽氣
爲火火勝故冬至之日燥陰之氣爲水水勝故夏
至之日濕火則上炎水則下注鳥飛而上魚動而
下物類相動焱本相應孰究其所以來誰使其所
以然因其然也然不然也然乎然不然乎不然吾
亦不知其所以然也夫是之謂萬化原上决而成
天下决而成地既已决也命之曰中央必有所合
也命之曰和中和玄同萬物化生夫是之謂三三
六六陽城胥渠曰微夫子之言吾幾於不靈子華

子曰噫嘻本何足以識之請以嘗試言之而子亦嘗試聽之子華子曰夫道一也我與道而爲三矣而我之百骸九竅毛髪膏澤臟腑肝膈吹噓吸引滋液吐納無非道也自此以往大撓甲子所不能紀也是故道立於一而萬物之變也百事之化也散而爲萬殊龠淪而無涯古之知道者務全其生務全其生者不亡其所有也不亡其所有者道之守也道之守者神之舍也是故全生者爲上虧生者次之死次之迫斯爲下矣所謂全生者六欲皆得其宜也所謂虧生者欲欲分得其宜也夫虧生

則於其所尊者薄矣其虧彌甚則其尊彌薄所謂死者無有所知而復其未生也所謂迫生者六欲莫得其宜也皆獲其所甚惡者也辱莫大於不義不義者迫生也故曰迫生不如死人之常情耳聞而目見也耳聞所甚惡不如無聞目見所甚不欲不如無見是以迅雷則掩耳恐故也所貴乎嗜粱肉者非腐鼠之謂也所貴乎飲醪醴者非敗酒之謂也所貴乎尊生者非迫生之謂也夫迫生之人鞠窮而歸故曰迫斯爲下矣

公仲承問於程子曰人有常言黃帝之治天下也

百神出而受職於明堂之庭帝乃采銅於首山作大爐焉鑄神鼎於山上鼎成群龍下迎乘彼白雲至於帝鄉群小臣不得上升攀龍之胡力顫而絕帝之弓裘墜焉於是百姓奉之以長號名之曰烏號之弓而藏其衣冠於橋陵信有之乎程子曰否甚矣世之好譎怪也聖人與人同類也類同則形同形同則氣同氣同則知識同矣類異則形異形異則氣異氣異則知識異矣人之所以相君長者類也相使者形也相管攝者氣也相維持者知識也人之異龍龍之異於鼎鼎之異於雲言之辨也

惡足以相感召而實使之耶其不然也必矣世之好譎怪也吾聞之太古之聖人所以範世訓俗者有直言者有曲言者直言者直以情貢也曲言者假以指喻也言之致曲則其傳也久傳久而僞則知者正之謠甚而殺亂則知者止之夫黃帝之治天下也其精微之感蕩上浮而下沉故爲百福之宗爲百福之所宗則是百神受職於庭也帝乃采銅者鍊剛質也登彼首山就高明也作爲大爐鼓陽化也神鼎孰物之器也上水而下火二氣升降以相濟中和之實也群龍者衆陽氣也雲者龍屬

也帝鄉者靈臺之關而心術之變也帝之謂所類也形也氣也知識也雖與人同爾然而每成而每上也每成而每上則其精微之所徹達神明之所之適其去人也遠矣群小臣知識之所不及者也攀龍之胡有見於下也不得上升無見於上也有見於下無見於上者士也上下無見者民也弓裘衣冠者帝所以善世制俗之具也民無見也懷其所以治我者而已矣故帝之逝也號以决其慕藏以奉其傳此假以指喻之言也而人且函傳之以相誑欺甚矣世之好譎怪也千世之後必有人主

好高而慕大以久生輕舉而爲羡慕者其左右狡詐希寵之臣又從而逢之是將甘心於黄帝之所造者矣夫人之大常生而少壯轉而爲衰老轉而爲死亡聖凡之所共也上知之所弗幸免焉者也且自故記之所傳若存而若亡大庭中黄赫胥尊盧以來所謂聖人者不一族吾誠恐大圜之上峣榭聯累雜處什伯不足以處也而復何所主宰臣何所使而其昏昏默默以至于今也是不然之甚者也然而世之人知者歆羡愚者矜跂甚矣世之好譎怪也大周之九鼎禹所以圖神姦也黄帝之

鑄一禹之鑄九其造爲者同而所以之適焉者頓
異是可以決疑矣且世之傳疑也不惟其傳昔宋
有丁氏家故無井而出溉汲焉常一日而一人居
外懲其如是也鳩工而穿井于庭家相與語曰今
吾之穿井得一人矣有聞而傳之者曰丁氏穿井
而得一人也國人更相道之語徹于宋君宋君召
其人而質之丁氏對曰自臣穿井家獲一人之力
非得一人於井也是故黄帝之鑄神鼎是井中人
之譬也知者正之是宋君召其人而質之之譬也
千世之後必有人主好奇而慕大以久生輕舉而

爲羨慕者其右左狡詐希寵之臣又從而逢之是
將甘心於黃帝之所造者矣此吾所以反之復之
而不能已者也小子志之
鄭子以達于禮聞于諸侯子華子亟往從之見鄭
子焉子華子曰異乎吾所聞夫禮先王所以定之
也非所以搖之也夫禮所以開之也非所以暴之
也青黃黼黻文章之觀盡而五色渝宮徵還激生
生之聲足而八音汩陸有繯罝水有網罟而飛羽
伏鱗無以幸其生矣詩不云乎潛雖伏矣亦孔之
昭今鄭子非徒搖之也又從暴之也鄭子而達於

禮樂異乎吾所聞肅駕而起遵塗而歸

孔子贈

子華子反自郯遭孔子於途傾盖而顧相語終日甚相親也孔子命子路曰取束帛以贈先生子路屑然而對曰由聞之士不中間見女嫁無媒君子不以交禮也有間又顧謂子路子路又對如初孔子曰固哉由也詩不云乎有美一人清風婉兮邂逅相遇適我願兮今程子天下之賢士也於斯不贈則終身弗能見也小子行之

子華子曰惟道無定形虛凝爲一氣散布爲萬物

宇宙也者所以載道而傳焉者也萬物一者也夫孰知其所以起夫孰知其所以終凝者主結勇者嘗散一開一歛萬形相禪太古之時澹泊恬愉鹿聚而麕居其知徐徐其樂于于夫是之謂宇有無以相反也高下以相傾也盛盈蚠息以相薄也龐洪蘆符以相形也由是以生由是以死由是以虧由是以成夫是之謂宙宇者情相接也宙者理相通也是故惟道無定形虛凝爲一氣散布爲萬物宇宙也者所以載道而傳焉者也

子華子曰夫言之所以感爲響響欲絕而感巳移

意之所以將爲思思未革而事前輟何則精神之所弗包焉故也七十九代之君法制不一號令不齊而俱王於天下明旌善類而誅鋤醜厲者法之正也其所以能行焉精誠也精誠不白則無以王矣其在後世以急刻而責怨以譎僞而課忠言非其願意非其眞而保人之弗叛悲夫是正坐於夕室也是白之懸而黑之募也是縱權於陸而發軔於川也其亦不可以幸而幾矣是以欲治之君將以有爲於是者必先正其本術定其精而不搖保其誠而弗虧夫然後出言以副情端意以明指世

雖亂也俗雖汙也而曰感不效於影響者吾斯之
未能信
子華子居於苓塞趙簡子將用之使使者將幣於
閭曰寡大夫乏之使使下臣敬脩不腆以勤先王之
將命者子華子反幣再拜以肅使者而進之於庭
又拜而授辭曰主君之民某其如獲罪戾其敢逃刑
以其弗啇之故而適抱薪纁之憂疾且有間則我
請造於朝其敢重辱我主君之命使者曰寡大夫
且有緒言使下臣敬致諸執事惟是晉國之寵靈
願與先生共之先生不違勤而覞以行請祿從者

以爵執圭子華子沒階而進再拜而言曰主君之
民某未有職業於朝也且有惡疾不堪君之命弗
敢以與聞再拜而送使者於門反其室聚帑將行
其子弟族立而疑北宮子曰意聞之身脩於私名
升於公古今之通誼也主君國之宗卿也政所自
出以禮交而弗答無乃不可乎子華子曰意吾以
爾爲可以忘言也而猶有萌焉夫萌於中必肖於
外其意之謂矣且彼召我者夫豈徒然哉必有以
處我者矣爲人之所處者不得安其所自處矣是
故古之人慎於其所以處也昔者吾友自郯聞語

於孔子屬屬焉不忘於心孔子之所志其過人者遠矣日者主君之召也孔子轍環於河滸而弗肯以濟援琴而寫志命之曰臨河之操其亂曰河之水洋洋兮丘之不濟此命也夫孔子之所以弗至是乃我所以行之也意吾以爾爲忘言也而猶有萌焉夫以小人之所察而量君子之心意爾其殆矣北宮子遂強以見趙簡子簡子聞子華子至再拜而迎曰不穀得奉社稷之靈以撫有四封之内先君有禮所以既賓客而交際之紀盧人實典治之吾子辱而在於敝邑有日矣以歲之不易而隸

人有朝夕之虞願致戎邑方三四十里若五六十里以爲芻秣之共吾子其曲意以臨之子華子曰臣也不武年運而往矣顛毛種種懼不任君之事以爲司敗憂也君有四圍以扞四方臣弗堪也明日子華子行食於茨亭之口北宫子曰秦來有失也絕人之善意而又刮迹以去之夫子所以責人者太察矣子華子曰然非爾所及也夫秦君之志大而求遠其所以望於我者厚則吾無以堪其求矣且爾亦聞牧野之事乎周之六師歷郊而陳武王韈係解焉有五臣者將叉揩事於前王顧而使

之係五臣者相目而對曰臣之所以事君王非爲
係纍者也王不得已乃釋旌鉞而親係之夫人君
能致其君能有所不爲然後可以責之以有爲人君
臣能有所不爲然後能無不爲也本也未能無不
爲者也能有所不爲矣

子華子違趙趙簡子不悅燭過典廣門之左簡子
召而語之以其故燭過對曰彼庶人也而傲侮公
上法所弗賓也且無以爲國矣簡子曰而士以兵
之燭過至苓塞子華子之行者五日矣燭過反命
曰無及也簡子悔之使使者於齊而使董安于寓

書以招之子華子稽首而來再拜以肅使者于庭
而授之辭曰主君之亡臣某不能束修越在諸侯
以爲主君憂臣聞之物扃於所甘士扃於所守主
君之亡臣不佞而有四方之志其敢以爲執事者
之所辱夫丘陵崇而穴成於上狐狸藏矣溪谷深
而淵成於下魚鼈安矣松柏茂而陰成於林塗之
人則蔭矣主君之亡臣不佞實有隱衷唯執事者
昭明其所存如日月之升以光燭於晉國將四海
之士重繭狎至以承主君之令聞夫豈惟亡臣亡
臣雖復野死以實溝洫其敢忘主君之賜惟執事

者財幸焉簡子得書召無恤而戒之曰燭過小人也實使我獲罪於本吾且死汝必反之慎不忘也襄子曰諾

北宮子仕

北宮子將仕於衛子華子曰意來子之所以自事其心者亦嘗有以語我乎北宮子曰意未得以卒業也以是樵蘇之弗繼糊其顧頻於人雖然謹志其所欲爲於善而遠其惡也庶幾於完子華子愀然變乎容有問曰意是何言歟善奚足願而惡奚足遠吾語若聖人不出天下潰潰日趨於迷欲以

有巳而卒於喪也巳欲以達之於人而卒於失人
凡以善故王者作興將以濯滌今世之惛惚去善
其殆可乎哉善弗去亂未艾也而又奚以善爲北
宫子曰噫有是哉願畢其說子華子曰人中虚圓
不徑寸神明舍焉事物文滑如理亂棼如涉驚浸
一則以之怵惕一則以之忌諱一則以之懲創是
則一日之間一時之頃而徑寸之地如炎如冰矣
夫所謂神明者其若之何而堪之神弗留則蠹明
弗居則耗而又奚以善爲古之知道者泊兮如大
羹之未調譝譝兮如將孩隨推而遷因蕩而還其

精白津津若遺而復存其神明休休常與道謀去羨去慕孰知其故今子之言曰謹志於爲善則不善者將誰與耶遠子之所惡則惡將誰歸耶子而勿受歸而勿納則必有怨悁之心起而與我立敵矣以我矜願之意而接彼怨悁之心何爲而不鬬鬬且不止小則罵詈淩詬誶大則碎首穴胷夫以若之言而幸於完其幾於殆矣北宫子曰嘻若是其甚也子華子曰有甚哉吾語若禍之所自起亂之所由生皆存乎欲善而遠惡今天下老師先生端弁帶而說乃以是召亂也學者相與熏沐其中扃

而亦唯此之事是事禍也父以是故不慈子以是故不孝兄以是故不友弟以是故不共夫以是故不帥婦以是故不從君以是故不仁臣以是故不忠大倫蠹敗人紀消亡結轍以趨之而猶恐其弗及也悲夫石碏欲完其名而殺厚公子輒欲專其國而拒蒯聵寤生克段忽出而突入季友鴆慶父叔向誅鮒雍糾之妻尸糾於朝莊（或作叔）仲子欲託其帑於魯而先斃其室先君厲公一言而殺三郤華督父弁忽（或作忍）於與夷毛舉其目尚不勝爲數也是皆名爲求得所欲而能遣所不欲者矣然太

倫斁敗人紀消亡結轍以趨之者而猶恐其弗及
也悲夫吾語若亂之所由生禍之所自起皆存於
欲善而遠惡夫人之中虛也不得其所欲則疑得
其所不欲則惑疑惑載於中虛則荆棘生矣父不
疑於其子子必孝兄不疑於其弟弟必共夫不疑
於其婦婦必貞君不疑於其臣臣必忠是還至而
效者也百事成而一事疑道必廢三人行而一人
惑議必格大道之世上下洞達而無疑志堯舜三
代之王也無意於王而天下治所循者直道故也
是以天下和平天下之所以平者政平也政之所

以平者人平也人之所以平者心平也夫平猶權衡然加銖兩則移矣載其所不欲其爲銖兩者倍矣故曰矜功者不立虛願者不至非惟不足以得福而行又以召禍故吾不悅於子之言今子亦平其所養而直以行之何往而不得何嘗而不就而又奚以善爲且不可以有爲也堯曰若之何而善於予之事舜亦曰若之何而善於予之事是上與下爭爲善也上與下爭爲善是兩實也兩實則烏得平平不施焉則惡得直失其所以平直則堯無以爲堯矣舜無以爲舜矣吾子謹志於堯舜也而

又奚以善為北宮子之衛主於叔車氏叔車氏有寵於衛君國人害其嬖而將討之北宮子喟然歎曰吾為是遠夫子之言也是以獲戾於此也吾何以衛為致其所以為臣而歸

晏子治阿三年毀聞於朝公不悅召而將免焉晏子辭曰臣知過矣請復之三年而舉國善之謡言四達公將致其所以賞晏子辭焉公曰何謂也晏子對曰昔者臣之所治君之所當取也而更得罪焉今者臣之所治君之所當誅也而更得賞焉非臣之情臣不願也子華子聞之曰晏子可謂直而

不阿者矣晏子之辭受其可以訓矣齊之蕪也固
宜夫人之常情譽同於已者助同於已者愛同於
已者愛之反則憎必有所立矣助之反則擠必有
所在矣譽之反則毀必有所歸矣然而人主不之
察也左右執事之臣從而得其所欲爲則不禁也
世之治亂盖常存乎兩間齊之蕪也固宜
子華子曰元太初之中氣也天帝得之運乎無窮
后土得之溥慱無疆人之有元百骸統焉古之制
字者知其所以然是故能固其元爲完具之完殘
其所固爲寇賊之寇加法度焉故曰殘固之謂寇

毀賊則爲賊夫穿垣竇發鐍鑰其盜之細也夫

虎會問

虎會以其私問於程子曰主君何如主也程子曰昔堯舜在上塗説而巷議所不廢也是是非非之謂士試爲吾子言之本也不敢以古事爲考先大夫文子之志也好學而能受規諫立若不勝衣言若不出口身舉士於白屋之下者四十有六人皆能獲其赤心公家賴焉及其殁也四十有六人者皆就賓位是其無私德也夫好學知也受規諫仁也無私德焉忠也江之源出於汶山其大如甕口

其流可以濫觴順沿而下控諸群荆廣袤數千里
方舟然後可以濟此無他故也所受於下流者非
一壑也夫先大夫文子其訓於是矣是以有孝德
以出公族有恭德以升在位有武德以羞爲正卿
用能光融於晉國顯輔其君以主盟於諸侯天下
賴其仁兵稍之不試者垂十許年今主君懋其勲
庸而光貫於趙宗無以則先大夫文子是焉取則
尚德率義以弘大其光烈其將有譽於四方也乃
若范氏中行氏弗自克也而以覆其宗卿此則主
君之所知也虎會曰辨矣夫子之言願少進也會

得聞而謁諸主君庶幾其有瘳程子曰詩不云乎
王欲玉女是用大諫夫糾其邪志而濟其所之是
忠臣之所留察也吾子其勉行之矣本聞之山有
猛虎林樾弗除江河納汙衆流是豬昔者秦穆公
以秦之士爲不足也起蹇叔於宛迎丕豹於鄭取
由余於戎拔百里奚於市用強其師以伉慧懷于
斯時也晉國弱焉惟秦是從是故國以士爲筋榦
不可以不察也今主君之不得志也有賞叔子者
推其後而進之有舜華者挽其不及而使之當於
理有吾丘鴆者展布四體以爲紀綱之僕本聞之

竇叔子之爲人也強毅而有立方嚴而不剉其事
主也齊戒祓濯而無有回心舜華多學而強記恥
其所聞不惠於古初其立論挺挺而不可以奪吾
丘鴆年十有五而始以勇力聞及其壯佼也四鄰
畏之能以人投人以車投車其視[redacted]之險猶之
步仞之丘此三臣者舉晉國之選也主君之所與
懋昭其庸而光賁于趙宗者也公室六分河山之
間龜[redacted]而鼎立范氏中行氏不庇其社而顛其宗
主君之所不刊則繄此三臣之助今無故而戮於
子矣又斃舜華於野以罪名不聞於國人吾丘鴆

恐焉累粮而之於他國主君其未之思耶何其首尾之刺戾也如是則主君之所以遠於大競者也吾子主君之信臣也夫人誰無過過而能改心焉聖人之所畏也今吾子能弗憚煩而以其耿耿之思務以箴主君之闕遺將國人是頼吾子其勉行之矣

子華子見齊景公公問所以爲國奈何而治子華子對曰臣愚以爲國不足爲也事不足治也有意於爲則狹矣有意於治則陋矣夫有國者有大物也所以持之者大矣狹且陋者果不足以有爲也

臣愚以爲國不足爲也事不足治也公曰然則國不可以爲矣乎子華子曰非然也臣之所治者道也道之爲治厚而不薄敬守其一正性内足群衆不周而務成一能盡能旣成四境以平唯彼天符不周而同此神農氏之所以長也堯舜氏之所以章也夏后氏之所以勤也夫人主自智而愚人自巧而拙人若此則愚拙者請矣巧智者詔矣詔多則請者加多矣請者加多則是無不請也主雖巧智未無不智也以未無不知應無不請其道固窮爲人主而數窮於其下將何以君人乎窮而不知

其窮又將自以爲多夫是之謂重塞之國上有讒
言之君下有苟且之俗其禍起於欲爲也其禍起
於願治也夫有爲願治之心而獲　重塞之禍是
以臣愚以爲國不足爲也事不足治也昔者有道
之世因而不爲責而不詔去想去意靜虛以待不
伐之言不奪之事循名覈實官庀其司以不爲爲
道以奈何爲寶神農曰若何而和萬物調三光堯
曰若何而爲日月之所燭舜曰若何而服四荒之
外禹曰若何而治青北九陽奇怪之所際是故此
王者天下以爲功後世以爲能以故記之所道而

君之所知也臣願而不知方始而至於朝也竊有疑焉齊之所以爲齊者抑以異矣鐘鼓柷圉日以抎考而和聲不聞司空之刀鋸斷斷如也而罪罟滋長諸侯之賓客膏其脣吻而爭進諛言左右在廷之人主爲蔽蒙僮夫豎隸曉然皆知公上之有慆心也造爲謌謠以蠱君心君曾不知之也冕旒清晨位宁以聽愬焉以古人自耦君之心則泰矣夫其誰而顧肯以其一介之鄙試嘗君之嗜好而以干其不測之禍臣願而不知方始而至於朝也竊有疑焉夫考所由來以君之心勝故也心勝則

道不集矣群臣之不肖者又隨而揚之故其弊曰以深其固如性而君曾不之知也夫以君之明顯淪其所底滯而開之以鄉道夫孰能禦之抑臣聞之萬物之變也萬事之化也不可爲也不可究也因其言而推之則無不得其要者矣故臣愚以爲國不足爲也事不足治也公曰洋洋乎而之所以言吾欲以有說而無所措吾辭而之道博大而無倪吾所不能爲也胥曰有以拂吾之陋心子華子退而食於晏氏

子華子往見季沈季沈曰自吾從於夫子也轍迹

不遺於四國未有終歲以處也夫子亦勤且病矣哀也鄙人不通於夫子之量天下失道黑白溷溷而吾夫子駕其說将安之哀将有以請而弗敢也願質之於吾子子華子曰然仲尼天也其可違物而莫處乎其可絶物而自營乎日月不宇宙四指必迷所鄉矣仲尼人之準繩也仲尼之轍迹則病矣而亦皇暇之恤季沈曰敢問吾子之不試何也子華子曰本也何足以望夫子夫子軫方而轂圓者也将無乎而不可我則有所可也夫以我之所可而從夫子之無乎不可逝将從其後也

晏子

子華子謂晏子曰天地之間有所謂隱戮者而莫之或知知之者其幾於道乎晏子曰何謂也子華子曰天地之生才也實難其有以生也必有所用也如之何其將擁之蔽之而使之不得以植立也天地之所大忌也日月之所燭燎也陰陽之所杌移也鬼神之所伺察也是以帝王之典進賢者受上賞不薦士者罰及其身善善而惡惡其實皆行于後嘗試觀之夫物之有材者其精華之蘊神明之所固護而祕惜不可以知力窺也蒙金以沙固

玉以璞珠之所生漩杙之淵而隈澳之下也豫章
梗柟之可以大斲者必在夫大山穹谷孱顏嶇峿
之區抉剔之犄摭之剥削之苟不中於程度則有
虎狼蛟鼉虺蜴之變雷霆崩墜覆壓之虞何以故
天地之生才也實難其有以生也必有所用也如
之何其將壅之蔽之而使之不得以植立是謂之
違天而黷明違天而黷明神則殛之雖大必[illegible]雖
炎必樸荒落而類圮敗而族夫是之謂隱戮隱戮
也者陰騭之反也如以匙勘鑰也如以璽印塗也
必以其類其應如響晏子曰駭乎哉吾子之言也

嬰也顧遂其所以聞于華子曰大夫無甚惟於余之所以言也余之所以言其有以云也今夫人之常情爲惡其毀也成惡其虧也於其所愛焉者則必有悋固之心悋固之心萌於中虛卒然而攻其所甚愛則必昔起而爭爭而不得則必氣沮而志奪氣沮而志奪則拂然而怒填乎膺拂然而怒填乎膺則將無與爲敵者矣天地之所以生材也甚愛之甚惜之則其所以有悋固之心曾何以異夫人之常情世之人莫之或知也徒持其胸腹之私與其狡譎變詐之數翕翕而訿訿巧觝而深排規

以幸人不已勝也夫人之勝人也何有天地之鑒
也神明之照也甚可畏也甚可怖也如使之氣沮
而志奪拂然而怒以充塞乎兩間偏倶厓壓聚而
爲陰陽之罸其中於人也必慘矣是必至之勢而
無足經恠者悲夫世之人莫之或知知之者其幾
於道矣本晉國之鄙人也嘗得故記之所以道者
矣昔先大夫欒武子之在位也夙夜靖共矯枉而
惠直不忘其職守而以從其君厥有顯聞布在諸
侯之册書逮其嗣主則不然弗類于厥心攷命以
自賢怙寵專權翦棄人土圖以封殖于厥躬國人

疾視之如目有眯焉日移其志以速厥罰欒氏以
亡昔先大夫隨武子之在位也明慮以博識晉國
之售老也然且慆焉而不自居惟曰余有所不見
惟曰余有所不知惟曰余有所不聞瞑有所志曰
而升諸公是以晉國之士無遺其材者用能光融
昭著以有立朝父子兄弟以世及也而爲晉宗卿
逮其嗣主則不然囂囂自庸而巧持其非心毀本
塞原甚於虺目惟諛佞之小夫是暱是用㬥然知
者遠之洒然善者伏藏以在下日移其志以速厥
罪范氏以亡昔先大夫中行文子之在位也拔職

俊良振其滯淹人之有伎能如出於厥躬恪謹弗
觧惟力是視是以能相其君以尋盟諸侯建其嗣
主以苛爲察以欺爲明以刻爲忠以計多爲善以
聚斂爲良崩角摘齒恐人之軋巳也門如鬧市惟
利是視憸人乗間而會逢其惡極其囬邪如鬼如
蜮曰移其志以速厥罰中行氏以亡凡此三主者
晋國之世臣也所謂崇藴穹窿而不遷之宗也而
又其先大夫皆有玄德以媚于上下神祇其在嗣
主荒墜厥訓用以覆宗滅緒餒其先靈而不得以
血食于晋國無他故也恃其盛強昌庶而蔑棄於

理憑人而勝天藏技於中而以之違天地之所憎固是以其酷如是也而況於單族後門之士竊人之爵祿而邀覬於一時之幸虛愒而恫疑且懼人之出於其上也疑似之迹明明同異之志未講而壅之蔽之使之不得以植立也則其得禍也必有深於晉之三主者矣夫築垣墉者務其高而不務其實高不隱仞而基傾之矣以兩手而揜人之聰明自以爲得也而不知其聾瞽之疾已移於巳也悲夫大夫豈不爲之大哀矣乎晏子曰駭乎哉言也微吾子嬰無所聞之嬰也請刻諸佩觿以志其不

忘也
晏子問於子華子曰齊之公室懼甲奈何子華子
曰夫人之有欲也天必隨之齊將甲是求夫何懼
而不獲昔者軒轅二十五宗故黃祚衍于天下于
今未忘也宗周之王也姬姓之封者凡七十夫指
之不能率其臂猶臂之不能運其體也　齊自襄
桓以來斬斬焉朝無公姓野無公田帶甲橫兵挾
轂而能戰非公士也結綬纚纚位列而籍居非公
臣也公族之子若其孫散而之於四方惟童隸是
伍公所以與俱者自有肺腸者也於詩有之豈無

他人不如我同姓何以是踽踽而以臨於人主也
齊將甲是求夫何懼而不獲今之人分財賄而設
鉤策焉非以夫鉤策者爲能均也使善惡多寡無
所歸其怨也是以聖人窮造物以爲識量然且龜
卜筮著以爲决所以立言於公也聲出而應律身
出而協度然且權量尺石以爲器所以立正於公
也義識而理訓舉天下無敢以容其議然且書契
章程以爲式所以立信於公也德澤汪濊威制宏
遠盡四海之大無不面納然且法度禮籍以爲準
所以立義於公也今齊則不然所以爲國舉出於

私矣非止乎此而已也而又公斂其怨私受其福
矣公竊其名私享其實矣齊之忘於公室也非一
日也故齊將畢是求夫何懼而不獲
子華子曰昔先王之制法也有本衍焉有末度焉
因而弗作守而弗爲去羨去慕與四時分其敍與
寒暑一其度不言而民以之化不令而民以之服
是以能因則大矣能守則固矣夫有心於作法之
細也作而刻其眞法之原也法也者制世之麤迹
也而且不可以容心焉而況於營道術乎於傳有
之循道理之數而以輔萬物之自然六合不足均

也七十九代之君其爲法不同而俱王於天下用此道也

子華子卷上

子華子卷下

晉人程本著

晏子問黨

晏子見於子華子曰日者嬰得見於公公惡夫群臣之有黨也曰子將何方以弭之嬰無以應也吾子幸教以所不逮虛心以承子華子曰嘻君之及此言也齊其殆矣乎游士之所以不立於君之朝以黨敗之也人主甚惡其黨則左右執事之臣有以藉口矣夫左右執事之臣其託寵也深其植根幹也固背誕死黨之交布散離立聯累羅絡而爲

之跡苟非其人也則小有異焉者不得以衆處乎其中間也士以廉潔而自好者夫孰肯舍其昭昭以從人之昏昏洒焉若將有浼焉必不容矣是以左右執事之臣因其儵而隳之曰黨人也人君曾不是察隨其所甚惡而甘心焉於是有流放戮辱之事夫士之自好者剸斵數椽足以自庇而一簞之食足以糊口其孰肯以不貲之軀而投人主之所必怒者邪嘻君之及此言也齊其殆矣乎小人之始至於齊也小異者不容而已矣今則疑似者削跡矣小人之始至於齊也婞婀脂常者未必

御也今則服冕而乘軒者小人之至於齊爲日未數數也而其變更如此齊其文也人君曾不是察而左右執事之臣又原君之所甚惡因以隳游士之修舉齊之朝將化而爲私人也日往而月易築壇級於公宮而君不得知也嘻君之及此言也齊其殆矣乎

子華子謂晏子曰夫治有象大夫亦嘗聞之矣乎晏子曰嬰願聞之於吾子矣子華子曰治古之時其君之志也端以有修其臣同德比義而無有異心朝無幸位事無失業其四野之外耒耜從其宜

溝眏以其便其民愿而從法疏而弗失上下翦翦惟其君之聽蓋氣伏息災疫不作四鄰寢兵而珪玉纏幣以承其權此非治象而云何今齊之正言不聞聰明不開朝茀而不除野荒而荐饑其去治象也遠矣無等級以寄言者矣本聞之下無言謂之喑上無聞謂之聾聾喑之朝上宥放志而下多忌諱齊之謂也且合升勺龠合以登之斛廩則成矣太山之高非一石之積也瑯琊之東渤澥稽天非一水之鍾也所以治國家天下者非一士之言也今齊之執事者其孛矣乎墨以爲明孤而爲蒼

以一爲二以二爲三公不能禁也植黨與而獲其所同忌前而排孤媕婀脂韋者曰至於君之前固寵而恃便公不能禁也猶之買馬者然不論其足力而以色物毛澤而爲儀則廄無走馬矣猶之售玉者然不論其廉貞温粹而無瑕者而以大小徑廣爲儀則篋無連城矣惟士亦然論士不以其才而以勢地爲儀則伊尹仲父不立於朝矣且齊之爲國也表海而負嵎輪廣隈澳其途之所出四通而八達游士之所湊也今齊君之所習而狎者非鮑國之私人則崔田之黨也游士無所植其足矣

游士無所植其足則憑軾結轍而違之夫游士之所以去則治象之所以不存也本聞之窮鄉下里其為叢祠也不過於卮酒而臠肉蕪國之社不難於請福今齊之蕉萃也甚矣所欲以為治者不半於古之人而功則畧具矣天子之於齊君也朝夕進見而猶固惜自愛也獨不出其謦欬而規以振起之夫子之仁心抑已偏矣晏子曰善微吾子嬰無所聞之嬰之於君犬彘之臣也吾子之言之也嬰有罪矣晏子問於子華曰聖人尚儉於傳有之乎子華子曰有之夫儉聖人之寶也所以御世之

具也三皇五帝之所留察也晏子曰嬰聞之先不以土階爲陋而有虞氏牀戒於塗髹其尚儉之謂歟子華子曰何哉大夫之所謂儉者夫儉在內不在外也儉在我不在物也心居中虛以治五官精氣動薄神化回潏其所以出而謹節其所受然後神宇以定而精不搖其格物也明其遇事也剛此之謂儉而聖人之所寶也所以御世之具也三皇五帝之所留察也何哉大夫之所謂儉也夫視入以爲出庾氏之職業也操贏而制餘商賈子之所爲也中人之家計口然后食閭里之志也乃若

天子者大宮也有天下者大器也臨萬品御萬民窮天之産罄地之毛無有不其無有不備此則古今常尊之埶也柰何而以閭里之所志商賈子之所爲庾氏之職業仰而議夫堯舜之量哉此腐儒之所守而汗俗之所以相欺者也土階塗髹之說野人之所稱道而於傳所不傳者也本周之堯古於衢室之宮垂衣而襞幅遂如神明之居輯五瑞以見群后帶幅舄而入覲者如衆星之拱北堯則若固有之也舜遊於巖廊之上被袗衣而鼓五絃之琴晝日月於太常備十有二章黼黻玄黄爛如

也出則有鑾和動則有珮環步趨中於莖韶之節
舜亦若固有之也夫堯舜之備物也如此而惡有
所謂土階三尺茅茨不翦者惡有所謂塗髹以自
牀戒者此腐儒之所采而汙俗之所以相欺者也
故記所不道也桀紂之亡天下也以不仁而不以
奢也戒奢者有禮存焉禮之所可存約則殺可豐
則腆豈有覽四海之賦受九畡之經入而土階以
居欲有塗髹而不敢也其不然也必矣且先王之
制也改玉則改行旂旒冕璪以示登降之品今汙
世人不通於禮也處尊而偏賤居大而侵小夫以

至乘之尊而國隸以自奉難爲其下矣不惟以陋於厥躬也而又旁無以施其族黨止不豐其宗祧曰吾以是爲儉也不亦夷貊之人矣乎晏子曰善微吾子嬰無所聞之也終不敢以論約

執中

子華子曰聖人貴中君子守中中之爲道也幾矣寓中六指中存乎其間兩端之建而中不廢也是故中則不既矣小人恣睢好盡物之情而極其執其受禍也必酷矣何以言之朱明長羸不能盡其所以爲溫也必隨之以揫歛之氣而爲秋玄武沍

陰不能盡其所以寒也必隨之敷榮之氣而爲春孰爲此者天也天且不可以盡而況於人乎是故誠能由於中矣一左一右雖過於中也而在中之庭一前一却雖不及於中也而在中之皇及小人好盡則遠於中矣遠於中則必窘於邊幅而裂矣必觸於巖牆而僵矣必墜於坑塹而亡矣如以石而投之於淵也不極則不生矣悲夫天道惡盡而昧者不之知也古之君子齊戒以滌其心奉之而不敢失者其中之謂歟天地覆壓中不磨也陰陽並交中不淪也五色玄黃亂於前中不失也悲夫

世之小人快其志於俄頃之久而促[illegible]其所以爲中也危國喪身而不早悟也惟其測然而以中怛之怛之而不早悟也是之謂下愚而不可動化者也

子華子曰天之精氣其大數常出三而入一其在人呼則出也吸則入也是故一之謂專二之謂耦三之謂化專者才也耦者幹也化者神也凡精氣以三成三者成數矣宓犧軒轅所柄以計者也赫胥大庭惝怳而有所遺者也故曰出於一立於兩成於三連山以之而呈形歸藏以之而御氣大易

以之而立數也
子華子曰道之所載曰出拓或作宕坦有足者斯踐之矣夫何故平故也恢潏濛澒甋无不容一與二二與三吾不知其攸然而同謂之平夫何故虛故也惟虛爲能集道惟平爲能載道無所於閡無所於忤虛之至也左不偏於左右不偏於右無作好也無作惡也如懸衡者然平之至也心智之兩間其容幾何然則歷陸嶔嶇太行鴈門橫塞之靈臺之關勺水之不通而奚以有容嗜欲炎之好憎冰之炎與水交戰焉則必兩相傷者矣是故革四壙

則裂謂中滿則充薄 氣發喑惴怖作狂積憂損心
心氣乃焦故曰一虛一平而道自生一平一虛而
道自居

子華子曰王者樂其 所以王亡者亦樂其所以亡
故烹獸不足以盡獸 嗜其脯則幾矣王者有嗜于
理義也亡者亦有嗜 乎暴慢也所嗜不同故其禍
福亦不同也

子華子曰生者死之 對有者無之反迍者隆之因
虧者成之漸大道無 形無數無名無體以無體故
無有生死以無名故 無有有無以無數故無有隆

渾以無形故無有成虧既已域於四象者矣完不能無毀也是以韋革雖柔擴之則裂礦石雖堅攻之則碎剛柔重輕大小長短雖不同也同於一盡故古之制字字爲之破而文亦如之

子華子曰周天之日爲數三百有六十閏月之時爲數一百有六十天地之大數不過乎此五方之物其爲數亦如之鱗蟲三百有六十震宮蒼龍爲之長羽蟲三百有六十離宮朱鳥爲之長毛蟲三百有六十兊宮麒麟爲之長介蟲三百有六十坎宮伏黿爲之長倮蟲三百有六十盈宇宙之間人

爲之長一人之身爲骨凡三百有六十精液之所
朝夕也氣息之吐吸也心意知慮之所識也手足
之所運動而指股之所信屈也皆與天地之大數
通體而爲一故曰天地之間人爲貴
子華子曰撞鈞石之鍾六樂合奏於庭所以爲樂
也而隱憂者臨之而逾悲不主乎樂故也鬱搖而
行歌促絃而急彈所以寫憂也而安恬者得之而逾
歡不生於憂故也然則憂樂在外也所以主之者内
也内之所感赭蒼互色東西貿區而眛者則不之知
也故曰觀流水者與水俱流其目運而心逝者歟

子華子曰渾淪鴻濛道之所以爲宗也徧覆包涵天之所以爲大也昭明顯融帝之所以爲功也道無依阿天無從違帝無決擇然則心烏乎而宅道心天也天心帝也帝心人也人之心莫隱乎慈莫便乎恕赤子匍匐使我心惻隱於慈故也夌波而先濟跂而望乎後之人便於恕故也此心之弗失焉可以事帝矣可以格天矣可以入道矣此心之弗存焉道之所去也天之所違也帝之所誅也古之制字者此茲爲慈如是爲恕非其心也則失類而悲是以挾道理以御人群者庸詎而忽諸

子華子曰凡物之所有由者事之所以相因也理之所以相然也軸之軸車由是以相運也紬之紬思（或作絲）由是以相屬也姓伷之由族由是以有分也橘柚之柚味由是以有别也宇宙之宙理由是以有傳也禾之油油穀由是以登也雲之油油雨由是以降也憂心有妯心由是以動也左旋右抽軍由是以正也故凡物之所由有者事之所以相因也理之所以相然者也

天道

子華子曰大道有源其源甚眞名曰空洞空洞無

有是生三元三元之功同立於玄縱而守之是謂三極衡而施之是謂三紀上下貫焉是謂三才一之所成萬紀以生一之所綱萬有以藏是故空者無不備之謂也洞者無不容之謂也大道之源其源甚眞無物不稟無物不受無物不度廣盡於無眇細淪於無間付畀稟受而不加貧醻酢應對而不加費故曰通於一萬事畢此之謂也

子華子曰仰而視之玄在焉俛而察之玄在焉旁行而四達玄在焉迎而望之玄參乎其前也揠足窘行去而違之玄瞠乎其後也是故玄無所不在

也人能守玄玄則守之不能守玄玄則舍之
子華子曰火宿於心炎上而排下其神躁而無準
人之慕急於取禍者心使之也木宿於肝觸突干
抵而銳其神獧柬而無當人之樸戇以取禍者肝
使之然也金宿於肺硜訇而不屈罄而不能仰也
其神閎踈而無法人之訐決以取禍者肺使之也
水宿於腎瑟縮以湊險其神伏而不發人之媕婀
脂韋以取禍者腎使之也土宿於脾磅礴而不盡
其滲漉也下注而不止其神好大而無功人之重
遲瀰納以取禍者脾使之也火氣之喜明也木氣

之喜達也金氣之喜辨也水氣之喜藏也土氣之
喜發生也是故事心者宜以孝事肝者宜以仁事
肺者宜以義事腎者宜以知事脾者宜以誠實而
不詐五物宿於其所喜五事各施其所宜外邪之
不入内究之不泄夫是之謂善完
子華子曰甚矣世之人注其目於視也目奚足信
今有美麗佼好之人人之所同悅也然而蒙之以
倛首則見之者棄之而走更之以輕紈阿楊焉則
向之走者留行矣甚矣世之人注其目於視也目
奚足信

周舍見子華子曰舍聞之身修而名不立無爲於擇術矣庖羞百品雜進於盤几而咽不下無爲於貴饌矣抱璧而徒乞無爲於貴寶矣敢問夫子之所以志子華子曰然釜鬵之於量也不能以容於所不受尋墨之於度也不能以及其所不至鈞天廣奏飛鳥過而不止崇櫨績拱猱狖逃焉且員動而方息所性不同也火炎而水流習使之然也今以大夫之所處而議本之所以志必不諧矣無以則有一焉而願因以有獻也夫六虛有精純粹美之氣而不敢傳焉託於物以寫其響流於形於萬

有而不敢以有爲試嘗論其微矣佼麗之苦竄也
而醜則堅牢華壁之易以碎也而金鐵則難陶甚
矣物之不可以全也如是是不可以一方取也是
不可以一伎爲也惟知此道者幾幾乎其能全今
大夫少修而端愨壯長伉以有立方將揭其昭明
焉而以爲人之的其犯難也果其量物也偏而又
且徑往而直前矯拂人之所不欲而規以自立甚
無所用之虛名此非本之所得知也夫目之明能
見於百步之外而顧不見其背也惟墻之後則無
睹也無以則有一焉而願因以有獻也

子華子曰萬物玄同孰是而孰非孰知其初孰知其終吾無得其所以然也命之曰一一者衆之有宗也道得之謂之太一天得之謂之天一帝得之謂之帝一帝一也者立乎環中扣其響而不得也味其臭而不得也渾渾兮如有容泊兮如未始出其宗茫茫兮如無所終窮天一也者爲而不宰成而不有機之所由以出焉機之所由以入焉太一也者有而無家能化一以爲二化二以爲三因三以成萬物故曰一之變大矣三而三在九而九有萬不同而管于一術通乎一術無一之不知昧乎

一術無一之能知是故音聲顏色臭味之數不過
於五五者立於一一立而萬物生矣
子華子曰寒濕溫燥晦明之變則大矣形恒乎化
則涸而其形無盡喜怒哀樂思懼之化則備矣神
經乎變則涸而其形有餘正氣之在人也上下灌
注如環之無端莫知其紀極也不可以爲量也是
能使其形之所澤鬱鬱勃勃而不可屈是能使其
形之所宅完固靜專而不可撓是故能通於養氣
之術者不可以務不白也且氣不勝邪攻之矣攻
之而不已則氣必剉剉之而不已則向於消亡矣

正氣漸盡邪術壯長心傷於中而色澤外變神去其幹而死矣是以古之知道者築壘以防邪疏源以毓眞深居靜處不爲物攖動息出入而與神氣俱魂魄守戒謹窒其兌專一不分眞氣乃存上下灌注氣乃流通如水之流如日月之行而不休陰營其藏陽固其府源流泏泏滿而不溢冲而不盈夫是之謂久生

子華子曰人之性其猶水然水之源本甚絜而無有衰穢其所以湛之者久則不能以無易也易而不能反其本初則還復疑於自性者矣是故方員

曲折湛於所遇而形易矣青黄赤白湛於所受而色易矣砰訇淙射湛於所閡而響易矣洄洑浟洛湛於其所以容而態易矣鹹淡芳臭湛於其所以染而味易矣凡此五易者非水性也而水之所以爲性者則然矣是故古之君子愼其所以湛之

子華子曰天地之大數莫過乎五莫中乎五五居中宮以制萬品謂之實也冲氣之守也中之所以起也中之所以止也龜筮之所以靈也神響之所以豐融也通乎此則條達而無礙者矣是以二與四抱九而上躋也六與八蹈　而下沉也戴九而

履一據三而持七五居中宮數之所由生一從一
橫數之所由成故曰天地之大數莫大乎五莫中
乎五通乎此則條達而無礙者矣

北宮意問

北宮意問曰上古之世天不愛其寶是以日月淑
清而揚光五星循軌而不失其次鳳凰至蓍龜兆
甘露下竹實滿流黃出朱草生敢問何脩爲而
至於是也子華子曰異乎吾所聞夫禎祥瑞應之
物有之足以備其數無之不缺於治也聖王不識
也君子不道也治世所無有也上古之世居有巢

虛寧多以少所以同於人者用舍也所以異於人者神明也神明之運其由也甚微其效也甚徑與變相蕩遷與化相推移陰陽不能更四序不能虧洞於纖微之域通於恍惚之庭抱之而不冲注之而不滿彼其視鳳凰麒麟也叅牢之養尒彼其視澧液甘露也甽澮之寫爾彼其視芝房竹實凡草木之異者畦圃之毓爾彼其視玉石環怪凡種種之族者篋櫝之藏爾故曰聖王不識也君子不道也治世所無有也昔者有虞氏彈五絃之琴以歌南風之詩而光被四表格于上下周公之佐成王

也希膳不徹於前鐘鼓不解於懸而歌雍詠勺六
服承德凡禎祥瑞應之物有之足以備其數無之
不缺於治聖王已沒天下大亂父子質性君臣失
紀未有甚於今日也然且日月星辰衡陳於上與
治世同焉而已矣故曰天道遠人道邇待蓍龜而
襲吉福之末也顛蹶望拜而謁焉其待則薄矣故
聖王不識也君子不道也治世所無有也吾恐后
世之人主方且睢盱唯此之事而爲人臣者
巧詐誕譎以容悅於其君舍其所當治而責成於
天借或氣然而數變也忽有鍾其變者色澤狀貌

非耳目之所屬也於是奉以爲祥君臣動色士庶
華聽以至作爲聲歌而薦之於郊廟錯采繢畫而
以夸諸其臣民奄然以爲後世莫我之如也彼其
如數於上世其所謂豢牢之養也甽澮之寫也畦
圃之毓也篋匵襲之藏也章章焉如日星之在上也
乃始矜跂而以爲希有之事夷世而不可以幸冀
者也甚矣其亦弗該於帝王之量者矣
子華子居於苓塞北宮意公仲承侍縱言而及於
醫子華子曰醫者理也理者意也藥者瀹也瀹者
養也腑藏之伏也血氣之留也空竅之塞也關鬲

之礙也意其所未然也意其所將然也察於四然
者而謹訓於理夫是之謂醫以其所有餘也而養
其所乏也以其所益多也而養其所損也反其所
養則益者彌損矣反其所養則有餘者彌乏矣察
於二尺者而加疏瀹焉夫是之謂藥故曰醫者理也
理者意也藥者瀹也瀹者養也北宮意曰正惟是
世俗之醫所不能爲也雖然意聞之也有所資於
意不如無意之爲愈也有所待於養不如無待之
爲愈也敢問人己精神也其升降上下與晝夜相
通也與天地相灌注也其爲種凡有幾子華子曰

意善哉而之問也觸類以演之進乎此則與知道者謀矣吾次其所以學也而擇取之矣夫天降一氣則五氣隨之寄備於陰陽合氣而成體故有太陽有少陽有太陰有少陰陰中有陽陽中有陰故陽中之陽者火是也陰中之陰者水是也陽中之陰者木是也陰中之陽者金是也土居二氣之中間以治四維在陰而陰在陽而陽故物非土不成人非土不生北方陰極而生寒寒生水南方陽極而生熱熱生火東方陽動以散而生風風生木西方陰止以收而生燥燥生金中央陰陽交而生濕

濕生土是故天地之間六合之内不離於五人亦如之血氣和合榮衛流暢五藏成就神氣舍心魂氣畢具然后成人是故五藏六腑各有神主精稟於金火氣諧於水木精氣之合是生十物精神魂魄心意志思智慮是也生之所自謂之精兩精相薄謂之神隨神往返謂之魂並精出入謂之魄所以格物謂之心心有所憶謂之意意之所存謂之志志之所造謂之思思而有所顧慕謂之慮慮而有所決釋謂之智夫於智十累之上也至於智則知所以持矣知所以持則知所以養矣榮衛之行

無失厥常六腑化殺津液布湯故能久長而不弊
流水之不腐以其逝故也戶樞之不蠹以其運故
也是以精上則滯神惛則伏魂拘則沉魄散則耗
[illegible]則惑志鬱則陷意營則罔思澁則殆慮殫則
蒙智礙則愚故所謂持者持此者也所謂養者養
此者也意善哉而之問也觸類以演之進乎此則
與知道者謀矣公仲子曰夫子之言也而之問也
承也得所未之嘗聞知發蔀焉願夫子益其說而
稽徵其所以解也子華子曰然言固不可以一而
足也夫心也五六之主也精神之舍也心之精爲

火其氣爲離其色赤其狀如覆蓮其神爲朱鳥其竅上通於舌肝之精爲木其氣爲震其色青其狀如懸瓠其神爲蒼龍其竅上通於目肺之精爲金其氣爲兌其色白其狀如懸磬其神爲伏虎其竅上通於鼻腎之精爲水其氣爲坎其色黑其狀如介石其神爲玄龜其竅上通於耳脾之精爲土其氣爲戊己其色黄其狀如覆缶其神爲鳳凰其竅上通於口是故脾腎心肝肺五官之司口舌鼻耳目五官之候脾之藏意腎之藏精心之藏神肝之藏魂肺之藏魄金木水火土五精之總也寒熱風

燥濕五氣之聚也水以潤之火以熯之土以溽之木以敷之金以歛之此以其性言也水之冽也火之炎也土之蒸也木之温也金之清也此以其氣言也水在下火在上土在中木在左金在右此以其位言也水之平也火之鋭也土之圜也木之曲直也金之方也此以其形言也水則因火則革土則化木則變金則從革此以其材言也水井洫也火爨治也木金器械也土爰稼穡也此以其事言也夫盈於天地之間而充物者惟此五物也凡五物之有不可無也其所無不可有也微者養之使章

弱者養之使强損者養之使益不足者養之使有餘無物不養也無物不備也夫是之謂和喜怒哀恐思不能汩也視聽言貌思不能奪也夫是之謂大和之國無待於意而爲醫大和之俗無待於養而爲藥不以物滑和不以欲亂情中無載則道集於虛矣心無累則道載於平矣安平恬愉吐故納新靜與陰同閉動與陽俱開若是者由人而之天合於太初之三氣矣以之正心脩身治國家天下無以易於此術也吾之說盡於此矣二子拱而退書以識之

神氣

子華子曰古之至人探幾而釣深與天通心清明在躬與帝同功是以進爲而在上則至精之感流通而無礙以上行而際浮以下行而極憂以旁行而塞於四表不言而從化不召而效證以其所以感之者内也伏羲神農之世其民童蒙瞋瞋顛顛不知所以然而然是以永年黄帝堯舜之世其民樸以有立職職植植而芾鄙芾天是以難老末世之俗則不然煩稱文辭而實不效知譎相誕而情不應蓋先霜霰以戒裘爐者矣機栝存乎中而群

有詐心者族攻之於外是以父哭其子兄喪其弟長短頡頏百疾俱作時方疾癘道有繈負盲禿狂傴萬怪以生所以然者氣之所感故也夫神氣之所以動可謂微矣日月薄食虹蜺晝見五緯相凌四時相乘水竭山崩宵光晝冥石言犬痾夏霜冬雷繆盭之族諸禍之物不約而總至所以然者氣之所感故也夫神氣之所以動可謂微矣故曰天之與人其有以相通此之謂也

留務茲從子華子游者十有二年日相屬而言不接也業成而辭歸將隱居於五源之溪子華子曰

天下之物有甚骨稽而難持者女知之矣乎疾之則脫緩之則浟焉以逝非捉圜之謂也而所謂善持者能爲之於疾徐之間令女之所治吾無間然者矣然子之志則廣取而汎與者也吾恐女之後夫擇者也其將有剽女之外郛而自築其宮庭者矣登女之車而乘之以馳騁於四郊者矣取女之所以爲璧者毀裂而五分之者矣夫道固惡於不傳也不傳則妨道又惡於不得其所以傳也不得其所以傳則病道今女則往矣而思所以慎厥與也則於吾無間然者矣

子車氏之猳其色粹而黑一産而三豚焉其二則粹而黑其一則駁而白惡其弗類於己也齧而殺之決裂其胷腸糜盡而後止其同於己者字之惟謹而恐其傷也子華子曰甚矣心術之善移也夫目眩於異同而意怵於愛憎雖其所自生殺之而弗悔而況非其類矣乎今世之人其平居把握附耳呫呫相爲然約而自保其固曾膠漆之不如也及勢利之一接未有毫釐之差蹴然而變乎色又從而隨之以兵甚矣心術之善移也無以異乎子車氏之猳

宋有澄子者亡其緇衣順塗以求之見婦人衣緇
衣焉援之而弗舍曰而以是償我矣婦人曰公雖
亡緇衣然此吾所自爲者也澄子曰而弗如速以
償我矣我昔所亡者紡緇也今子之所衣者禪緇
也以禪緇而當我之紡緇也而豈有所不得哉子
華子曰夫利之惽心也幸於得而已矣忘其所以
爲質者矣幸於得而忘其所以爲質夫何所憚而
不爲之哉今世之人求其不爲澄子者或寡矣
子華子曰今世之士其無幸歟川閼水以成川世
閼人而爲世河之下龍門也疾如箭之脫筈人壽

幾何而期以有待也治古之時積美于躬如膚革之就充惟恐其不脩弗憂於無聞如擊考鼓鐘其傳以四達繹如也今則不然荒飈怒號而獨秀者先隕霜露宵零而朱草立槁嫞市之徒又從而媒孽以髡擕之是以萌意於方寸未有毫分也而觸機穽展布其四體未有以爲容也而得拱梏懷抱其一槩之操泯泯默默而願有以試也而漫漫之長夜特未旦也疾雷破山澍雨如霆鷄喑於塒而失其所以爲同晨也人壽幾何而期以有待也今世之士其無幸歟

子留子築居於五源之溪使其徒公子賓胥見子華子於齊曰先生之役子留子使賓胥也敬以有請夫五源之溪天下之至窮處也鼯吟而鼬啼且曉昏而日映也蒼蒼踟躕四顧而無有人聲雖然其土脉膏以發其植物也兊兊以澤其清流四注無乏於濯漑其蘋草之芼足以供祭也流光馳景却顧於斷蹊絶壑之下雲雨之所出入也其石皴粟爛如赭霞蔿草之苦從風以揚壟耕溪飲爲力也佚而坐嘯行歌可以卒歲今先生之年運而往矣而其所以蘊藏者無期惟是河汾之間不吾容

也而寄食於海瀕歲又弗稔其何以供億今之諸侯其地相將也其德相若也先生之車軫其將誰氏知之是以子留子使賓胥也敬以有請無寧先生而肯照臨於山溪之中將使斯人也耳聞而目明先生豈無意於此乎子華子曰爾歸而語而大子矣而以所以屬於我者渠渠不忘於我之心喁喁如也吾聞之太上違世其次違地其次違人而之所志其違地矣乎曩者吾有緒言於會矣曰我必死爾以吾骨反而涉河以從吾先人於苓塞之下我之意也已有所在矣不得而從於爾之求矣

夫志之所存雖遯而親雖缺而成疆裂壤斷不吾間也而今而後吾知神爽坐馳於五源之間而亦將朝夕而惟余是從吾何必往也喜來賓胥我之不得往猶而夫子之不得來也詩不云乎莫往莫來使我心疚吾之與而夫子也其弗覿矣乎

子華子自齊而歸召子元而訓之曰來爾會而小子其謹志之昔吾之宗君爲周曰正周公作成周定鼎於郟鄏脩和周郊於是吾之宗君薦其所以爲祥者其族有三曰井里之璞也曰大山之器車也曰唐叔異畝之禾也唐叔得禾異畝同穎吾之

宗君請以爲獻王命分寶玉子曾公時庸展親歸
禾於周公作歸禾周公旅天子之命作嘉禾是以
吾之宗君始有蒲堂以朝作程典令其顯庸書在
故府逮宣王之時吾之宗君入董六師爲王虎臣
是曰司馬司馬之后凡九世而其子孫或播居於
汾消之間千有一世而固并於溫先大夫宣王之
棄世也背違其群而吾之宗君厥有大造於趙樂
於底茁之有得我是以庇其榮而食其實及吾之
身雖不釋於簡上而趙則直吾姓之所宗氏也今
主名之爲人强毅而法能忍詬而無慝挺挺而不

回且受父之規言其將光啓于趙氏之業而大其
前人吾且老矣而不得以相其成來爾會而小子
其謹志之其勿有二心以事主君惟是宅家之事
吾之所以后其先人者弗儉弗侈允釐其中其勿
以世俗之垢昏而以浼我之所脩乃若爾會之所
以自勗者則惟無宗君之忝其於我亦預有無窮
之聞來爾會而小子其謹志之

子華子卷下 終

周·程本撰

子華子二卷

明萬曆四至五年(1576—1577)南京國子監刊《子彙》本

萬曆四年刊　子華子一　一

子華子序

護左都水使者光祿大夫臣向言所校讎中子華子書凡二十有四篇以相校復重十有四篇定著十篇皆以殺青書可繕寫子華子程氏名本字子華晉人也晉自頃公失政政在六卿趙簡子始得志招徠賢儁之士爲其家臣子華子生於是時博學能通墳典丘索及故府傳記之書性闓爽善持論不肯苟容於諸侯聚徒著書自號程子名稱藉甚聞於諸侯孔子遇諸郯歎曰天下之賢士也簡子欲仕諸朝而不能致乃遣使者奉纁幣聘以爲爵執圭是時簡子殺竇犢及舜華孔子爲作臨

河之操子華子亦逡巡不肯起簡子大怒將脅之以兵子華子去而之齊齊景公不能用也子華子館於晏氏更題其書曰子華子簡子卒襄子立子華子反於晉時巳老矣遂不復仕以卒今其書編離簡斷以是門人弟子共相綴隨記其所聞而無以叙非子故所著之書也大抵子華子以道德爲指歸而經紀以仁義存誠養操不苟於售唯孔子然後知其賢齊大夫晏平仲與之爲久要之交當時諸侯以勢相軋爭結怨速禍日以權譎爲事子華子之言如持水納石不相酬荅卒以不遇可爲酸鼻謹目錄臣向昧死上

子華子卷上

襍家一

晉人程本著

陽城胥渠問

陽城胥渠因北宮子以見子華子曰胥渠願有所謁也夫太初胚胎萌有權輿風轉誰轉三三六六誰究誰使夫子聞諸故記者審矣其有以發也胥渠願承其餘子華子曰噫嘻本何足以識之請以嘗試言之而子亦嘗試而聽之夫混茫之中是名太初實生三氣上氣曰始中氣曰元下氣曰玄玄資於元元資於始始資於初太真剖割通三而爲一離之而爲兩各有精專是名陰陽

[seal stamp]

兩兩而三之數營於九而究矣是以棲三陰之正氣於風輪其專精之名曰太玄棲三陽之正氣於水樞其尊精之名曰太一太一正陽也太玄正陰也陽之正氣其色赤陰之正氣其色黑水陽也而其伏爲陰風陰也而其發爲陽上赤下黑左青右白黄潛於中宮而五運流轉故有輪樞之象焉水涵太一之中精故能潤澤百物而行乎地中風涵太玄之中精故能動化百物而行乎天上上赤之象其宮成離下黑之象其宮成坎夫兩端之所以平者以中存乎其間故也中名未立兩端不形是以坎離獨幹乎中氣中天地而立生生萬物新新而

不窮陽之氣爲火火勝故冬至之日燥陰之氣爲水水勝故夏至之日濕火則上炎水則下注鳥飛而上魚動而下物類相同惢本相應孰究其所以來誰使其所以然因其然也然不然也然乎然不然乎不然吾亦不知其所以然也夫是之謂萬化原上决而成天下决而成地既已决也命之曰中决必有所合也命之曰和中和玄同萬物化生夫是之謂三三六六陽城胥渠曰微夫子之言吾幾於不靈子華子曰噫嘻本何足以識之請以嘗試言之而子亦嘗試聽之子華子曰夫道一也我與道而爲三矣而我之百骸九竅毛髮膏澤臟腑肝膈

吹噓吸引漱液吐納無非道也自此以往大撓甲子所不能紀也是故道立於一而萬物之變也百事之化也散而為萬殊齊淪而無涯古之知道者務全其生務全其生者不亡其所有也不亡其所有者道之守也道之守者神之舍也是故全生者為上虧生者次之死次之迫斯為下矣所謂全生者六欲皆得其宜也所謂虧生者六欲分得其宜也夫虧生則於其所尊者薄矣其虧彌甚則其尊彌薄所謂死者無有所知而復其未生也所謂迫生者六欲莫得其宜也皆獲其所甚惡者也辱莫大於不義不義者迫生也故曰迫生不如死人之常

情耳聞而目見也耳聞所甚惡不如無聞目見所甚
欲不如無見是以迅雷則掩耳恐故也所貴乎嗜粱肉
者非腐爪之謂也所貴乎飲醪醴者非敗酒之謂也所
貴乎尊生者非迫生之謂也夫迫生之人鞠窮而歸故
曰迫斯爲下矣
公仲承刪於程子曰人有常言黃帝之治天下也百神
出而受職於明堂之庭帝乃采銅於首山作大爐焉鑄
神鼎於山上鼎成群龍下迎乘彼白雲至於帝鄉群小
臣不得上升攀龍之胡力顫而絕帝之弓裘墜焉於是
百姓奉之以長號名之曰烏號之弓而藏其衣冠於橋

陵信有之乎程子曰否甚矣世之好譎怪也聖人與人同類也類同則形同形同則氣同氣同則知識同矣類異則形異形異則氣異氣異則知識異矣人之所以相君長者類也相使者形也相管攝者氣也相維持者知識也人之異於龍龍之異於鼎鼎之異於雲言之辨也惡足以相感召而實使之耶其不然也必矣世之好譎怪也吾聞之太古之聖人所以範世訓俗者有直言者有曲言者直言者直以情貢也曲言者假以指喻也言之致曲則其傳也久傳久而僞則知者正之譎甚而殽亂則知者止之夫黃帝之治天下也其精微之感蕩上

浮而下沉故爲百福之宗爲百福之所宗則是白神受職於庭也帝乃采銅者鍊剛質也昝彼首山就髙明也作爲大爐鼓神化也神鼎熟物之器也上水而下火二氣升降以相濟中和之實也群龍者衆陽氣也雲者龍屬也帝鄉者靈臺之關而心術之變也帝之謂所類也形也氣也知識也雖與人同爾然而每成而每上也每成而每上則其精微之所徹達神明之所之適其去人也遠矣群小臣知識之所不及者也攀龍之胡有見於下也不得上升無見於上也有見於下無見於上者士也上下無見者民也苟裘衣冠者帝所以善世制俗之

其也民無見也懷其所以治我者而已矣故帝之道也
號以決其慕藏以奉其傳此假以指喻之言也而人且
亟傳之以相誑欺甚矣世之好譎怪也千世之後必有
人主好高而慕大以久生輕舉而爲羨慕者其左右狡
詐希寵之臣又從而逢之是將甘心於黄帝之所造者
矣夫人之大常生而少壯轉而爲衰老轉而爲死亡聖
凡之所共也上知之所弗幸免焉者也且自故記之所
傳若存而若亡大庭中黄赫胥尊盧以來所謂聖人者
不一族吾誠恐大圜之上嶢樹聮累雖處絣猶不足以
處也而復何所主宰臣何所使而其昏昏默默以至于

今也是不然之甚者也然而世之人知者歆羡愚者矜跂甚矣世之好譎怪也夫周之九鼎禹所以圖神姦也黄帝之鑄一禹之鑄尤其造爲者同而所以之適爲者頊異是可以決疑矣且世之傳疑也不惟其傳昔宋有丁氏家故無井而出溉汲焉常一日而一人居外懲其如是也鳩工而穿井于庭家相與語曰今吾之穿井得一人矣有聞而傳之者曰丁氏穿井而得一人也國人更相道之語徹于宋君宋君召其人而質之丁氏對曰自臣穿井家獲一人之力非得一人於井也是故黄帝之鑄神鼎是井中人之譬也知者正之是宋君召其人

而質之之譬也千世之後必有人主好高而慕大以久生輕舉而爲羨慕者其左右狡許希寵之臣又從而逢之是將甘心於黃帝之所造者矣此吾所以反之復之而不能已者也小子志之

鄭子以達于禮聞于諸侯子華子亟往從之見鄭子焉子華子曰異乎吾所聞夫禮先王所以定之也非所以摇之也夫禮所以閑之也非所以暴之也青黃黻黼文章之觀盡而五色渝宮徵還激生生之聲足而八音汨陸有繳罝水有網罟而飛羽伏鱗無以幸其生矣詩不云乎潛雖伏矣亦孔之昭今鄭子非徒摇之也又從暴

之也鄒子而達於禮樂異乎吾所聞肅然而起遵塗而
歸

孔子贈

子華子反自鄒遭孔子於途傾蓋而顧相語終日甚相
親也孔子命子路曰取束帛以贈先生子路屑然而對
曰由聞之士不中間見女嫁無媒君子不以交禮也有
間又顧謂子路子路又對如初孔子曰固哉由也詩不
云乎有美一人清風婉兮邂逅相遇適我願兮今程子
天下之賢士也於斯不贈則終身弗能見也小子行之

子華子曰惟道無定形虛凝為一氣散布為萬物宇宙

也者所以載道而傳焉者也萬物一也夫孰知其所以起夫孰知其所以終凝者主結勇者嘗散一開一斂萬物相禪太古之時澹泊恬愉鹿聚而麕居其知徐徐其樂于于夫是之謂宇有無以相反也高下以相傾也盛盈蚠息以相薄也麗洪蘆符以相形也由是以生由是以死由是以虧由是以成夫是之謂宙宇者情相接也宙者理相通也是故惟道無定形虛凝爲一氣散布爲萬物宇宙也者所以載道而傳焉者也

子華子曰夫言之所以感爲響響欲絕而感已移意之所以將爲思思未華而事前輟何則精神之所弗包焉

故也七十九代之君法制不一號令不齊而俱王於天下明旌善類而誅鋤醜厲者法之正也其所以能行爲精誠也精誠不白則無以王矣其在後世以急刻而責怨以譎僞而課忠言非其願意非其真而保人之弗叛悲夫是正坐於夕室也是白之懸而黒之募也是縱擢於陸而發軔於川也其亦不可以幸而幾矣是以欲治之君將以有爲於是者必先正其本術定其精而不揺保其誠而弗虧夫然後出言以副情端意以明指世雖亂也俗雖汙也而曰感不効於影響者吾斯之未能信

子華子居於岑塞趙簡子將用之使使者將幣於閭曰

寡大夫多之使使下臣敬脩不腆以勤先生之將命者子
華子反幣再拜以肅使者而進之於庭又拜而授辭曰
主君之民其如獲罪戾其敢逃刑以其弗嗇之故而遣
抱薪縲之憂疾且有閒則我請造於朝其敢重辱我主
君之命使者曰寡大夫且有緒言使下臣敬致諸執事
惟是晉國之寵靈願與先生共之先生不違勤而貺以
行請祿從者以爵執圭子華子洝階而進再拜而言曰
主君之民其未有職業於朝也且有惡疾不堪君之命
弗敢以與聞再拜而送使者於門反其室聚帑將行其
弟子族立而疑北宮子曰意聞之身脩於私名升於公

古今之通誼也主君國之宗與邦也政所自出以禮交而弗答無乃不可乎子華子曰意忘吾以爾爲可以忘言也而猶有萌焉夫萌於中必賞於外其意之謂矣且彼召我者夫豈徒然哉必有以處我者矣爲人之所處者不得安其所自處矣是故古之人慎於其所以處也昔者吾友自郯聞語於孔子屬屬焉不忘於心孔子之所志其過人者遠矣日者主君之召也孔子轍環於河濟而弗肯以濟援琴而寫志命之曰臨河之操其辭曰河之水洋洋兮丘之不濟此命也夫孔子之所以弗至是乃我所以行也意吾以爾爲忘言也而猶有萌焉夫以小

人之所察而量君子之心意爾其殆矣北宮子遂強以見趙簡子簡子聞子華子至再拜而迎曰不穀得奉社稷之靈以撫有四封之内先君有禮所以貺賓客而交際之紀廬人實典治之吾子辱而在於敝邑有日矣以歲之不易而隸人有朝夕之虞願致戎邑方三四十里若五六十里以爲芻秣之共吾子其曲意以臨之子華子曰臣也不武年運而往矣顛毛種種懼不任君之事以爲司敗憂也君有四圍以扞四方臣弗堪也明日子華子行食於芰亭之口北宫子曰寡未有失也絶人之善意而又刮迹以去之夫子所以責人者大察矣子華

子曰然非爾所及也夫秦君之志大而求遠其所以望於我者厚則吾無以堪其求矣且爾亦聞牧野之事乎周之六師壓郊而陳武王韈係觧焉有五臣者將受誓事於前王顧而使之係五臣者相目而對曰臣之所以事君王非為係韈者也王不得已乃釋旄鉞而親係之夫人君能致其君能有所不為然後可以責之以有為人臣能有所不為然後能無不為也本也末能無不為者也能有所不為矣

子華子違趙趙簡子不悅燭過典廣門之左簡子召而語之以其故燭過對曰彼虜人也而傲侮公上法所弗

寘也且無以爲國矣簡子曰而士以兵之燭過至苓塞
子華子之行者五日矣燭過反命曰無及也簡子悔之
使使者于齊而使董安于寓書以招之子華子稽首而
來再拜以肅使者于庭而授之辭曰主君之亡臣某不
能束脩越在諸侯以爲主君憂臣聞之物爲於所甘士
爲於所守主君之亡臣不佞而有四方之志其敢以爲
執事者之所辱夫丘陵崇而穴成於上狐狸藏矣溪谷
深而淵成於下魚鼈安矣松柏茂而陰成於林塗之人
則蔭矣主君之亡臣不佞實有隱衷唯執事者昭明其
所存如日月之升以光燭於晉國將四海之士重繭御

至以承主君之令閒大豈惟亡臣亡臣雖復野死以塡
溝甽其敢忘主君之賜惟執事者財幸焉簡子得書召
無恤而戒之曰燭過小人也實使我獲罪於木吾且死
汝必反之慎不忘也襄子曰諾

北宮子仕

北宮子將仕於衛子華子曰意求子之所以自事其心
者亦嘗有以語我乎北宮子曰意未得以卒業也以是
樵蘇之弗繼糊其顚頻於人雖然謹志其所欲爲於善
而違其惡也庶幾於完子華子愀然變乎容有閒曰意
是何言歟善奚足願而惡奚足違吾語君聖人不出天

下潰潰日趨於迷欲以有巳而卒於喪巳欲以達之於
人而卒於失人凡以善故王者作興將以濯滌今世之
惛怓去善其殆可乎哉善弗去亂未艾也而又奚以善
爲北宮子曰噫有是哉願畢其說子華子曰人中虛圓
不徑寸神明舍焉事物交滑如理亂棼如涉驚浸一則
以之怵惕一則以之忌諱一則以之懲創是則一日之
間一時之頃而徑寸之地如炎如冰矣夫所謂神明者
其若之何而堪之神弗留則蠹明弗居則耗而又奚以
善爲古之知道者泊兮如大羹之未調[illegible][illegible]兮如將孩
隨推而遷因蕩而還其精白津津若遺而復存其神明

休休常與道謀去羨去慕孰知其故今子之言曰謹志於爲善則不善者將誰與耶違子之所惡則惡將誰歸耶予而勿受歸而勿納則必有忿悁之心起而與我立敵矣以我矜願之意而接彼忿悁之心何爲而不鬪鬪且不止小則嚚凌詬誶大則碎首穴胷夫以若之言而幸於完其幾於殆矣北宮子曰嘻若是其甚也子華子曰有甚哉吾語若禍之所自起亂之所由生皆存乎欲善而違惡今天下老師先生端弁帶而說乃以是召亂也學者相與熏沐其中育而亦唯此之事是事禍也父以是故不慈子以是故不孝兄以是故不友弟以是故

不共夫以是故不帥婦以是故不從君以是故不仁臣以是故不忠大倫蠹敗人紀消亡結轍以趨之而猶恐其弗及也悲夫石碏欲完其名而殺厚公子輒欲專其國而拒蒯聵竊生克段忽出而突入季友鴆慶父叔向誅鮒雍糾之妻尸糾於朝莊（或作叔）仲子欲託其帑於魯而先斃其室先君厲公一言而殺三郤華督父并忽（或作怨）於與夷毛舉其目尚不勝爲數也是皆名爲求得所欲而能違所不欲者矣然且大倫斁敗人紀消亡結轍以趨之而猶恐其弗及也悲夫吾語若亂之所由生禍之所自起皆存於欲善而違惡夫人之中虛也不得其

所欲則疑得其所不欲則惑疑惑戴於中虛則荊棘生矣父不疑於其子子必孝兄不疑於其弟弟必共夫不疑於其婦婦必貞君不疑於其臣臣必忠是還至而効者也百事成而一事疑道必廢三人行而一人惑議必格大道之世上下洞達而無疑志堯舜三代之王也無意於王而天下治所循者直道故也是以天下和平天下之所以平者政平也政之所以平者人平也人之所以平者心平也夫平猶權衡然加銖兩則移矣載其所不欲其爲銖兩者倍矣故曰矜功者不立虛願者不至非惟不足以得福而行又以召禍故吾不悅於子之言

今子亦平其所養而直以行之何往而不得何營而不就而又奚以善爲且善不可以有爲也堯曰若之何而善於予之事舜亦曰若之何而善於予之事是上與下爭爲善也上與下爭爲善是兩實也兩實則烏得平平不施焉則惡得直失其所以平直則堯無以爲堯矣舜無以爲舜矣吾子謹志於堯舜也而又奚以善爲北宮子之衛主於叔車氏叔車氏有寵於衛君國人害其變而將討之北宮子喟然嘆曰吾爲是違夫子之言也是以獲戾於此也吾何以衛爲致其所以爲臣而歸

晏子治阿三年毀聞於朝公不悦召而將免焉晏子辭

曰臣知過矣請復之三年而舉國善之謡言四達公將致其所以賞晏子辭焉公曰何謂也晏子對曰昔者臣之所治君之所當取也而更得罪焉今者臣之所治君之所當誅也而更得賞焉非臣之情臣不願也子華子聞之曰晏子可謂直而不阿者矣晏子之辭受其可以訓矣齊之蕪也固宜夫人之常情譽同於巳者助同於巳者愛同於巳者愛之反則憎必有所立矣助之反則擠必有所在矣譽之反則毀必有所歸矣然而人主不之察也左右執事之臣從而得其所欲爲則不禁也世之治亂蓋常存乎兩閒齊之蕪也固宜

子華子曰元者太初之中氣也天帝得之運乎無窮后土得之溥博無疆人之有元百骸統焉古之制字者知其所以然是故能固其元爲完具之完殘其所固爲賊寇之寇加法度焉爲冠冕之冠故曰殘固之謂寇毀則則爲賊夫穿垣竇發鐍鑰其盜之細也夫

虎會問

虎會以其私問於程子曰主君何如主也程子曰昔堯舜在上塗說而巷議所不廢也是是非非之謂士試爲吾子推言之本也不敢以古事爲考先大夫文子之志也好學而能受規諫立若不勝衣言若不出口身舉士

於白屋之下者四十有六人皆能獲其赤心公家賴焉
及其殁也四十有六人者皆就賓位是其無私德也夫
好學知也受規諫仁也無私德焉也也江之源出於汶
山其大如甕口其流可以濫觴順沿而下控諸群荆廣
袤數千里方舟然後可以濟此無他故也所受於下流
者非一谿也夫先大夫文子其訓於是矣是以有孝德
以出公族有恭德以升在位有武德以羞爲正卿用能
光融於晉國顯輔其君以主盟於諸侯天下賴其仁兵
稍之不試者垂十許年今主君懋昭其勲庸而光賁於
趙宗無以則先大夫文子是焉取則尚德率義以弘大

其光烈其將有譽於四方也乃若范氏中行氏弗自克也而以覆其宗卿此則主君之所知也虎會曰辨矣夫子之言願少進也會得間而謁諸主君庶幾其有瘳程子曰詩不云乎王欲玉女是用大諫夫糾其邪志而濟其所乏是忠臣之所留察也吾子其勉行之矣本聞之山有猛虎林樾弗除江河納汙衆流是瀦昔者秦穆公以秦之士爲不足也起蹇叔于宛迎丕豹於鄭取由余於戎援百里奚於市用強其師以伉慧懷于斯時也晉國翦焉惟秦是從是故國以士爲觔幹不可以不察也今主君之未得志也有賓叔子者推其後而進之有舜

華者挽其不及而使之當於理有吾丘鳩者展布四體以爲紀綱之僕本間之賓叔子之爲人也強毅而有立方嚴而不剉其事主也齊戒祓濯而無有回心舜華多學而強記耻其所聞不惠於古初其立論挺挺而不可以奪吾丘鳩年十有五而始以勇力聞及其壯從也四鄰畏之能以人投人以車投車其視太行之險猶之步仞之丘此三臣者舉晉國之選也主君之所與懋昭其庸而光賁于趙宗者也公室六分河山之間龜析而鼎立范氏中行氏不庇其社而顛其宗主君之所不刊則繫此三臣之助令無故而戮叔子矣又斃舜華於野以

罪名不聞於國人吾丘鳩恐焉果艱而之於他國主君其末之思耶何其首尾之刺戾也如是則主君之所以遠於大競者也吾子主君之信臣也夫人誰無過過而能改心焉聖人之所畏也今吾子能弗憚煩而以其耻耻之思務以箴主君之闕遺將國人是賴吾子其勉行之矣

子華子見齊景公公問所以爲國柰何而治子華子對曰臣愚以爲國不足爲也事不足治也有意於爲則狹矣有意於治則陋矣夫有國者有大物也所以持之者大矣狹且陋者果不足以有爲也臣愚以爲國不足爲

也事不足治也公曰然則國不可以爲矣乎子華子曰非然也臣之所治者道也道之爲治厚而不博敬守其一正性内足群衆不周而務成一能盡能既成四境以平唯彼天符不周而同此神農氏之所以長也堯舜氏之所以章也夏后氏之所以勤也夫人主自智而愚人自巧而拙人若此則愚拙者請矣巧智者詔矣詔多則請者加多矣請者加多則是無不請也主雖巧智未無不知也以未無不知應無不請其道固窮爲人主而數窮於其下將何以君人乎窮而不知其窮又將自以爲多夫是之謂重塞之國上有諱言之君下有苟且之俗

其禍起於欲爲也其禍起於願治也夫有欲爲願治之心而獲重塞之禍是以臣愚以爲國不足爲也事不足治也昔者有道之世因而不爲責而不詔去想去意靜虛以待不伐之言不奪之事循名覈實官庀其司以不知爲道以柰何爲實神農曰若何而和萬物調三光堯曰若何而爲日月之所燭舜曰若何而服四荒之外禹曰若何而治青北九陽奇怪之所際是故此王者天下以爲功後世以爲能以故記之所道而君之所知也臣竊而不知方始而至於朝也竊有疑焉齊之所以爲齊者抑以異矣鐘鼓柷圉日以衰考而和聲不聞司空之

刀鋸斷齗如也而罪呰滋長諸侯之賓客膏其唇吻而爭進䛐言左右在廷之人主爲蔽蒙僮夫豎隸曉然皆知公上之有悄心也造爲詞謡以蠱君心君曾不知之也冕旒清晨位宁以聽愬焉以古人自稱君之心則泰矣夫其誰而頷肯以其一介之鄙試嘗君之嗜好而以干其不測之禍臣竊而不知方始而至於朝也竊有疑焉曳考所由來以君之心勝故也心勝則道不集矣群臣之不肖者又隨而揚之故其弊日以深其固如性而君曾不之知也夫以君之明踈瀹其所底滯而開之以鄉道夫孰能禦之抑臣聞之萬物之變也萬事之化也

不可爲也不可究也因其言而推之則無不得其要者矣故臣愚以爲國不足爲也事不足治也公曰洋洋乎而之所以言吾欲以有説而無所措吾辭而之道傳夫而無倪吾所不能爲也嘗曰有以拂吾之陋心子華子退而食於晏氏

子華子往見季沈季沈曰自吾從於夫子也轍迹不遺於四國未有終歲以處也夫子亦勤且病矣衰也鄙人不通於夫子之量天下失道黑白溷溷而吾夫子駕其説將安之哀將有以請而非敢也願質之於吾子子華子曰然仲尼天也其可違物而莫處乎其可絶物而自

營乎日月不宇宙四指必迷所鄉矣仲尼人之準繩也仲尼之轍迹則病矣而亦皇暇之恤季沈曰敢問吾子之不試何也子華子曰本也何足以望夫子夫子彰方而轂圜者也將無乎而不可我則有所可也夫以我之所可而從夫子之無乎不可逝將從其後也

晏子

子華子謂晏子曰天地之間有所謂隱戮者而莫之或知知之者其幾於道乎晏子曰何謂也子華子曰天地之生才也實難其有以生也必有所用也如之何其將擁之蔽之而使之不得以植立也天地之所大忌也日

月之所燭燎也陰陽之所杌移也鬼神之所伺察也是以帝王之典進賢者受上賞不薦士者罰及其身善善而惡惡其實皆衍于後嘗試觀之大物之有材者其精華之蘊神明之所固護而祕惜不可以知力窺也蒙金以沙固玉以璞珠之所生漩洄之淵而隈澳之下也豫章楩柟之可以大斲者必在夫大山穹谷孱顏崛峿之區抉剔之掎摭之剥削之苟不中於程度則有虎狼蛟鼉虺蜴之變雷霆崩墜覆厭之虞何以故天地之生材也實難其有以生也必有所用也知之何其將壅之蔽之而使之不得以植立是謂之逆天而黷明逆天而黷

明神則殛之雖大必折雖炎必撲荒落而類圮敗而族
夫是之謂隱戮隱戮也者陰隲之反也如以匙勘鑰也
如以璽印塗也必以其類其應如響晏子曰駭乎哉吾
子之言也嬰也願遂其所以闡子華子曰大夫無甚恠
於余之所以言也余之所以言其有以云也今夫人之
常情爲惡其毀也成惡其虧也於其所愛焉者則必有
恪固之心恪固之心萌于中虛卒然而攻其所甚愛則
必曹起而爭爭而不得則必氣沮而志奪氣沮而志奪
則拂然而怒填乎膺拂然而怒填乎膺則將無與爲敵
者矣天地之所以生材也甚愛之甚惜之則其所以有

愘固之心曾何以異夫人之常情世之人莫之或知也
徒恃其胸腹之私與其狡譎變詐之數翕翕而訑訑巧
觝而深排規以幸人不已勝也夫人之勝人也何有天
地之鑒也神明之照也甚可畏也甚可怖也如使之氣
沮而志奪怫然而怒以充塞乎兩間偏俱厄歷聚而爲
陰陽之罰其中於人也必慘矣是必至之勢而無足經
恠者悲夫世之人莫之或知知之者其幾於道矣本晉
國之鄙人也嘗得故記之所以道者矣昔先大夫欒武
子之在位也夙夜靖共矯枉而悳直不忘其職守而以
從其君厥有顯聞布在諸侯之冊書逮其嗣主則不然

弗類于厥心放命以自賢怙寵専權翦棄人士圖以封
殖于厥躬國人疾視之如目有眯焉日移其志以速厥
罰欒氏以亡昔先大夫隨武子之在位也明睿以惇識
晉國之雋老也然且恂恂焉而不自居惟曰余有所不見
惟曰余有所不知惟曰余有所不聞聽有所志旦而升
諸公是以晉國之士無遺其材者用能光融昭著以有
立於朝父子兄弟以世及也而爲晉宗卿逮其嗣主則
不然囂囂自庸而巧持其非心毀本塞原甚於蝕蝛日
惟諛佞之小夫是暱是用盭然知者遠之洒然善者伏
藏以在下日移其志以速厥罪范氏以亡昔先大夫中

行文子之在位也拔識俊良振其滯淹人之有技能如出於厥躬恪謹弗懈惟力是視是以能相其君以尋盟諸侯逮其嗣主以苛爲察以欺爲明以刻爲忠以計多爲善以聚斂爲良朋角擿齒恐人之軋已也門如鬧市惟利是視憸人乘間而會逢其惡極其回邪如鬼如蜮日移其志以速厥罰中行氏以亡凡此三主者晉國之世臣也所謂崇蘊穹傜而不遷之宗也而又其先大夫皆有玄德以媚于上下神祇其在嗣主荒墜厥訓用以覆宗滅緒餒其先靈而不得以血食于晉國無他故亾恃其盛強昌厖而蔑棄於理懟人而勝天藏忮於中而

以之逹天地之所恪圖是以其酷如是也而况於單族後門之士竊人之爵禄而激覬於一時之華虛惛而惘疑且懼人之出於其上也疑似之迹未明同異之志未講而壅之蔽之使之不得以植立也則其得禍也必有深於晉之三主者矣夫築垣墉者務其高而不務其實高不隱仞而基傾之矣以兩手而揜人之聰明自以爲得也而不知其聾瞽之疾已移於巳也悲夫大夫豈不爲之大哀矣乎晏子曰駭乎哉言也微吾子嬰無所聞之嬰也請刻諸佩觿以志其不忘也

晏子問於子華子曰齊之公室懼卑柰何子華子曰夫

人之有欲也天必隨之齊將軍是求夫何懼而不獲昔者軒轅二十五宗故黄祚衍于天下于今未忘也宗周之王也姬姓之封者凡七十夫指之不能率其臂猶臂之不能運其體也今齊自襄桓以來斬斬焉朝無公姓野無公田帶甲橫兵挾轂而能戰非公士也結綬纚纚位列而籍居非公臣也公族之子若其孫散而之於四方惟童隸是伍公所以與俱者自有肺腸者也於詩有之豈無他人不如我同姓何以是踽踽而以臨於人上也齊將軍是求夫何懼而無不獲今之人分財斯而設鉤策焉非以夫鉤策者爲能均也使善惡多寡無所歸其

慾也是以聖人窮造物以爲器量然且龜卜筮著以爲
決所以立言於公也聲出而應律身出而協度然且權
量尺石以爲器所以立正於公也義適而理訓衆天下
無敢以容其議然且書契章程以爲式所以立信於公
也德澤汪濊威制宏遠盡四海之大無不面納然且法
度禮籍以爲準所以立義於公也今齊則不然所以爲
國舉出於私矣非止乎此而已也而又公斂其怨私受
其福美公竊其名私享其實矣齊之忘於公室也非一
日也故齊將畢是求夫何懼而不獲
子華子曰昔先王之制法也有本衍焉有末度焉因而

弗作守而弗爲去美去慕與四時分其敘與寒暑一其度不言而民以之化不令而民以之服是以能因則大美能守則固矣夫有心於作法之細也作而刻其眞法之原也法也者制世之麤迹也而且不可以容心焉而况於營道術乎於傳有之循道理之數而以輔萬物之自然六合不足均也七十九代之君其爲法不同而俱王於天下用此道也

子華子卷下

晏子問黨

晏子見於子華子曰日者嬰得見於公公惡夫群臣之有黨也曰子將何方以弭之嬰無以應也吾子幸教以所不逮虛心以承子華子曰嘻君之及此言也齊其殆矣乎游士之所以不立於君之朝以黨敗之也人主甚惡其黨則左右執事之臣有以藉口矣夫左右執事之臣其託寵也深其植根幹也固背誕死黨之交布散離立聯累羅絡而爲之蹤苟非其人也則小有異焉者不得以參處乎其中間也士以廉潔而自好者夫孰肯舍

萬曆五年刊

其昭昭以從人之昏昏洒焉若將以有浼焉必不容矣
是以左右執事之臣因其脩而擠之曰黨人也人君曾
不是察隨其所甚惡而甘心焉於是有流放戮辱之事
夫士之自好者削斷數椽足以自庇而一簞之食足以
糊口其孰肯以不貲之軀而投人主之所必怒者耶嘻
君之及此言也齊其殆矣乎小人之始至於齊也小異
者不容而已矣今則疑似者削跡矣小人之始至於齊
也媕婀脂韋者未必御也今則服冕而乘軒矣小人之
至於齊爲日未數數也而其變更如此齊其未艾也人
君曾不是察而左右執事之臣又順君之所甚惡因以

隳游士之脩舉齊之執將化而爲私人也日往而月易
築壇級於公宮而君不得知也嘻君之及此言也齊其
殆矣乎
子華子謂晏子曰夫治有象大夫亦嘗聞之矣乎晏子
曰嬰願聞之於吾子矣子華子曰治古之時其君之志
也端以有修其臣同德比義而無有異心朝無幸位事
無失業其四野之外耒耜從其宜溝畎以其便其民愿
而從法疏而弗失上下翦翦惟其君之聽蠡氣伏息災
疫不作四鄰寢兵而珪玉纁幣以承其驩此非治象而
云何今齊之正言不聞聰明不開朝第而不除野荒而

荐饑其去治象也遠矣無等級以寄言者矣本闕之下無言謂之喑上無聞謂之聾聾喑之朝上有放志而下多忌諱齊之謂也且合升勺龠合以登之斛廩則成矣太山之高非一石之積也瑯琊之東渤澥稽天非一水之鍾也所以治國家天下者非一士之言也今齊之執事者其悖矣予墨以爲明孤而爲蒼以一爲二以二爲三公不能禁也植黨與而獲其所同忌前而排孤媕婀脂韋者日至於君之前固寵而恃便公不能禁也猶之買馬者然不論其足力而以色物毛澤而爲儀則廐無走馬矣猶之售玉者然不論其應貞温粹而無瑕者而

以大小徑廣爲儀則儉無連城矣惟士亦然論士不以
其才而以勢地爲儀則伊尹仲父不立於朝矣且齊之
爲國也表海而負嵎輪廣隈澳其塗之所出四通而八
達游士之所湊也今齊君之所習而狎者非鮑國之私
人則崔田之黨也游士無所植其足矣游士無所植其
足則憑軾結轍而違之夫游士之所以去則治象之所
以不存也本間之窮鄉下里其爲叢祠也不過於卮酒
而臠肉蕪國之社不難於請福今齊之憔萃也甚矣所
欲以爲治者不半於古之人而功則畧其矣夫子之於
齊君也朝夕進見而猶固惜自愛也獨不出其謦欬而

規以振起之夫子之仁心抑已偏矣晏子曰善微吾子嬰無所聞之嬰之於君犬彘之臣也吾子之言之也嬰有罪矣

晏子問於子華子曰聖人尚儉於傳有之乎子華子曰有之夫儉聖人之寶也所以御世之具也三皇五帝之所留察也晏子曰嬰聞之堯不以土階爲陋而有虞氏休戒於塗髹其尚儉之謂歟子華子曰何哉大夫之所謂儉者夫儉在內不在外也儉在我不在物也心居中虛以治五官精氣動薄神化回潏嘗其所以出而謹節其所受然後神宇泰定而精不搖其格物也明其遇事

也剛此之謂儉而聖人之所寶也所以御世之具也三皇五帝之所留察也何哉大夫之所謂儉者夫視人以爲出庚氏之職業也探贏而制餘商賈子之所爲也中人之家討口然后食閭里之志也乃若天子者大官也有天下者大器也臨萬品御萬民躬天之產馨地之毛無有不共無有不備此則古今常尊之埶也奈何而以閭里之所志商賈子之所爲庚氏之職業仰而議夫堯舜之量哉此腐儒之所守而汙俗之所以相欺者也土階茅椽之說野人之所稱道而於傳所不傳者也本聞之堯居於衢室之宮垂衣而襄幅遂如神明之居輯五

瑞以見群后帶幅舄而入覲者如衆星之拱北堯則若固有之也舜遊於巖廊之上被袗衣而鼓五絃之琴晝日月於太常備十有二章黼黻玄黃爛如也出則有鸞和動則有珮環步趨中於簫韶之節舜亦若固有之也夫堯舜之備物也如此而惡有所謂土階三尺茅茨不翦者惡有所謂塗髹以自怵戒者此腐儒之所守而汙俗之所以相欺者也故記所不道也桀紂之亡天下也以不仁而不以奢也戒奢者有禮存焉禮之所存可約則殺可豐則烘豈有覽四海之賦受九畡之經入而土階以居欲有塗髹而不敢也其不然也必矣且先王之

制也改玉則改行旂旒冕璪以示登降之品今汙世人不通於禮也處卑而僭賊居大而侵小夫以王公之尊而圉隸以自奉雖爲其下矣不惟以陋於厥躬也而又旁無以施其族黨上不豐其宗祧曰吾以是爲儉也不亦夷貊之人矣乎晏子曰善微吾子嬰無所聞之也終不敢以論約

執中

子華子曰聖人貴中君子守中中之爲道也幾矣寓中六指中存乎其間兩端之建而中不廢也是故中則不既矣小人恣睢好盡物之情而極其執其受禍也必酷

矣何以言之朱明長贏不能盡其所以爲溫也必隨之以揫歛之氣而爲秋玄武沍陰不能盡其所以寒也必隨之以敷榮之氣而爲春孰爲此者天也天且不可以盡而況於人乎是故誠能由於中矣一左一右雖過於中也而在中之庭一前一却雖不及於中也而在中之皇及小人好盡則遠於中矣遠於中則必窘於邊幅而裂矣必觸於巖牆而僵矣必墜於坑壍而亡矣如以石而投之於淵也不極則不止矣悲夫天道惡盡而昧者不之知也古之君子齋戒以滌其心奉之而不敢失者其中之謂歟天地覆燾中不磨也陰陽並交中不淪也

五色玄黃亂於前中不失也悲夫世之小人快其志於俄頃之久而促失其所以爲中也危國喪身而不早悟也惟其測然而以中恒之恒之而不早悟也是之謂下愚而不可動化者也

子華子曰天之精氣其大數常出三而入一其在人呼則出也吸則入也是故一之謂專二之謂耦三之謂化專者才也耦者幹也化者神也凡精氣以三成三者成數矣宓犧軒轅所柄以計者也赫胥大庭惝恍而有所遺者也故曰出於一立於兩成於三連山以之而呈形歸藏以之而御氣大易以之而立數也

子華子曰道之所載四出拓或作宕坦有足者斯踐之矣夫何故平故也愜濔濛澒而無不容一與二二與三吾不知其攸然而同謂之平夫何故虛故也惟虛爲能集道惟平爲能載道無所於閡無所於忤虛之至也左不偏於左右不偏於右無作好也無作惡也如懸衡者然平之至也心胷之兩間其容幾何然則歷陸嶔巇太行鴈門横塞之靈臺之關兮水之不通而奚以有容嗜欲炎之好憎冰之炎與冰交戰焉則必兩相傷者矣是故華四擯則裂胃中滿則充薄氣發喑惴怖作狂積憂損心心氣乃焦故曰一虛一平而道自生一平一虛而道

自居

子華子曰王者樂其所以王亡者亦樂其所以亡故烹獸不足以盡獸嗜其脯則幾矣王者有嗜乎理義也亡者亦有嗜乎暴慢也所嗜不同故其禍福亦不同也

子華子曰生者死之對有者無之反庳者隆之因虧者成之漸大道無形無數無名無體以無體故無有生死以無名故無有有無以無數故無有隆庳以無形故無有成虧既巳域於四象者矣完不能無毀也是以葦葦雖柔擴之則裂礦石雖堅攻之則碎剛柔重輕大小長短雖不同也同於一盡故古之制字字爲之破而文亦

如之
子華子曰周天之日爲數三百有六十閏月之時爲數三百有六十天地之大數不過乎此五方之物其爲數亦如之鱗蟲三百有六十震宫蒼龍爲之長羽蟲三百有六十離宫朱鳥爲之長毛蟲三百有六十兊宫麒麟爲之長介蟲三百有六十坎宫伏龜爲之長倮蟲三百有六十盈宇宙之間人爲之長一人之身爲骨凡三百有六十精液之所朝夕也氣息之所吐吸也心意知慮之所識也手足之所運動而指股之所信屈也皆與天地之大數通體而爲一故曰天地之間人爲貴

子華子曰撞鈞石之鐘六樂合奏於庭所以爲樂也而隱憂者臨之而逾悲不主乎樂故也鬱摇而行歌從絃而急彈所以寫憂也而安恬者得之而逾歡不主於憂故也然則憂樂在外也所以主之者内也内之所感赭蒼互色東西貿區而昧者則不之知也故曰觀流水者與水俱流其目運而心逝者歟

子華子曰渾淪鴻濛道之所以爲宗也徧覆包涵天之所以爲大也昭明顯融帝之所以爲功也道無依阿天無從違帝無決擇然則心烏乎而宅道心天也天心帝也帝心人也人之心莫隱乎慈莫便乎恕赤子匍匐使

我心惻隱於慈故也淩波而先濟踐而望乎後之人便於怨故也此心之弗失焉可以事帝矣可以格天矣可以入道矣此心之弗存焉道之所去也天之所違也帝之所誅也古之制字者玆心爲慈如心爲恕非其心也則失類而悲是以挾道理以鄉人群者庸詎而忽諸

子華子曰凡物之有所由者事之所以相因也理之所以相繇也軸之軸車由是以相運也紬之紬思繇或作由是以相屬也姓伷之伷族由是以有分也橘柚之柚味由是以有別也宇宙之宙理由是以有傳也禾之油洼穀由是以登也雲之油油雨由是以降也憂心有妯心

由是以動也左旋右抽軍由是以正也故凡物之有所由者事之所以相因也理之所以相然者也

大道

子華子曰大道有源其源甚眞名曰空洞空洞無有是生三元三元之功同立於玄縱而守之是謂三極衡而施之是謂三紀上下貫焉是謂三才一之所成萬紀以生一之所綱萬有以藏是故空者無不備之謂也洞者無不容之謂也大道之源其源甚眞無物不禀無物不受無物不度廣盡於無畛細淪於無閒付畀禀受而不加貧醻酢應對而不加費故曰通於一萬事畢此之謂

也

子華子曰仰而視之玄在焉俛而察之玄在焉旁行而四達玄在焉迎而望之玄參乎其前也揠足窘行去而違之玄瞠乎其後也是故玄無所不在也人能守玄玄則守之不能守玄玄則舍之

子華子曰火宿於心炎上而排下其神燥而無準人之暴急以取禍者心使之也木宿於肝觸突干抵而鋭其神狷束而無當人之樸鷙以取禍者肝使之也金宿於肺礔訇而不屬罄而不能仰也其神濶踈而無法人之訐決以取禍者肺使之也水宿於腎瑟縮以湊險其神

伏而不發人之娇婀脂韋以取禍者腎使之也土宿於脾磅礴而不盡其滌漉也下注而不止其神好大而無功人之重遲瀝納以取禍者脾使之也火氣之喜明也木氣之喜達也金氣之喜辨也水氣之喜藏也土氣之喜發生也是故事心者宜以孝事肝者宜以仁事肺者宜以義事腎者宜以知事脾者宜以誠實而不詐五物宿於其所喜五事各施其所宜外邪之不入内究之不泄夫是之謂善完

子華子曰甚矣世之人注其目於視也目奚足信今有美麗佼好之人人之所同悦也然而蒙之以供首則見

之者棄之而走更之以輕紈阿裼焉則向之走者留行
矣甚矣世之人注其目於視也目奚足信
周舍見子華子曰舍聞之身脩而名不立無爲於擇術
矣庶羞百品雜進於盤几而咽不下無爲於貴饌矣抱
璧而徒乞無爲於貴寶矣敢問夫子之所以志子華子
曰然釜鬵之於量也不能以容於所不受尋墨之於度
也不能以及其所不至劖天質奏飛鳥過而不止崇檻
續拱猱狖逃焉且員動而方息所性不同也火炎而水
流習使之然也今以大夫之所處而議本之所以志必
不諧矣無以則有一焉而願因以有獻也夫六虛有精

純粹美之氣而不敢肆焉託於物以寫其響流形於萬
有而不敢以有爲試嘗論其微矣彼麗之苦窳也而醜
則堅牢華璧之易以碎也而金鐵則難陶甚矣物之不
可以全也如是是不可以一方取也是不可以一伎爲
也惟知道者幾幾乎其能全今大夫少脩而端慤壯長
伉以有立方將揭其昭明焉而以爲人之的其犯難也
果其量物也褊而又且徑往而直前矯拂人之所不欲
而規以自立甚無所用之虛名此非本之所得知也夫
目之明能見於百步之外而顧不見其背也惟牆之後
則無睹也無以則有一焉而願因以有獻也

子華子曰萬物玄同孰是而孰非孰知其初孰知其終
吾無得其所以然也命之曰一一者衆有之宗也道得
之謂之太一天得之謂之天一帝得之謂之帝一帝一
也者立乎環中知其嚮而不得也味其臭而不得也渾
渾兮如有容洎兮如未始出其宗茫茫兮如無所終窮
天一也者為而不宰成而不有機之所由以出焉機之
所由以入焉太一也者有而無家能化一以為二化二
以為三因三以成萬物故曰一之變大矣在三而三在
九而九有萬不同而管于一術通乎一術無一之不知
眛乎一術無一之能知是故音聲顔色臭味之數不過

於五五者立於一一立而萬物生矣

子華子曰寒濕溫燥晦明之變則大矣形怛乎化則涸而其形無盡喜怒哀樂思懼之化則備矣神經乎變則涸而其形有餘正氣之在人也上下灌注如環之無端莫知其紀極也不可以爲量也是能使其神之所澤鬱鬱勃勃而不可屈是能使其形之所宅完固靜專而不可撓是故能通於養氣之術者不可以不務白也且氣不勝邪攻之矣攻之而不已則氣必挫挫之而不已則向於消亡矣正氣漸盡邪術壯長心傷於中而色澤夭變神去其榦而死矣是以古之知道者築壘以防邪跡

源以毓真深居靜處不爲物攖動息出入而與神氣俱魂魄守戒謹窒其兊專一不分真氣乃存上下灌注氣乃流通如水之流如日月之行而不休陰營其藏陽固其府源流泏泏滿而不溢冲而不盈夫是之謂久生

子華子曰人之性其猶水然水之源本甚潔而無有裒穢其所以湛之者久則不能以無易也易而不能反其本初則還復疑於自性者矣是故方員曲折湛於所遇而形易矣青黃赤白湛於所受而色易矣砰訇淙射湛於所闔而響易矣洄洑浟溶湛於其所以容而態易矣鹹淡芳臭湛於其所以滌而味易矣凡此五易者非水

性也而水之所以爲性者則然矣是故古之君子愼其所以湛之

子華子曰天地之大數莫過乎五五莫中乎五五居中宮以制萬品謂之實也冲氣之守也中之所以起也中之所以止也龜筮之所以靈也神響之所以豐融也通乎此則條達而無礙者矣是以二與四抱九而上躋也六與八蹈一而下沉也戴九而履一據三而持七五居中宮數之所由生一從一橫數之所由成故曰天地之大數莫大乎五莫中乎五通乎此則條達而無礙者矣

北宮意問

北宮意問曰上古之世天不愛其寶是以日月淑清而
揚光五星循軌而不失其次鳳凰至蓍龜兆甘露下竹
實滿流黃出朱草生敢問何所修爲而至於是也子華
子曰異乎吾所聞夫禎祥瑞應之物有之足以備其數
無之不缺於治也聖王不識也君子不道也治世所無
有也上古之世居有以虛宇多以少所以同於人者用
舍也所以異於人者神明也神明之運其由也甚微其
効也甚徑與變相蕩遷與化相推移陰陽不能更四序
不能虧洞於纖微之域通於恍惚之庭挹之而不冲注
之而不滿彼其視鳳凰麒麟也豢牢之養爾彼其視澧

液甘露也甽澮之寫爾發其視芝房丁實凡草木之異
者畦圃之毓爾彼其視玉石瓌怪凡種種之族者篋襲
之藏爾故曰聖王不識也君子不道也治世所無有也
昔者有虞氏彈五絃之琴以歌南風之詩而光被四表
格于上下周公之佐成王也希膳不徹於前鐘鼓不觧
於懸而歌雅詠勺六服承德凡禎祥瑞應之物有之足
以備其數無之不缺於治聖王已沒天下大亂父子失
性君臣失紀未有甚於今日也然且日月星辰衡陳於
上與治世同焉而已矣故曰天道遠人道邇待蓍龜而
襲吉福之末也顛蹶望拜而謁焉其待則薄矣故聖王

不識也君子不道也治世所無有也吾恐后世之人全方且雎雎盱盱唯此之事而爲人臣者巧詐誕譎以容悦於其君舍其所當治而責成於天借或氣然而數繆也忽有鍾其變者色澤狀貌非耳目之所屬也於是奉以爲祥君臣動色上庶革聽以至作爲聲歌而薦之於郊廟錯采繢畫而以夸諸其臣民奄然以爲後世莫我之如也彼其却數於上世其所謂豢牢之養也甽澮之寫也畦圃之毓也篋襲之藏也章章焉如日星之在上也乃始矜跂而以爲希有之事夷世而不可以幸冀者也甚矣其亦弗該於帝王之量者矣

子華子居於苓塞北宮意公仲承侍縱言而及於醫子華子曰醫者理也理者意也藥者瀹也瀹者養也腑藏之伐也血氣之留也空竅之寒也關鬲之礙也意其所未然也意其所將然也察於四然者而謹訓於理夫是之謂醫以其所有餘也而養其所乏也以其所益多也而養其所損也反其所養則益者彌損矣反其所養則有餘者彌乏矣察於二反者而加疏瀹焉夫是之謂藥故曰醫者理也理者意也藥者瀹也瀹者養也北宮意曰正惟是世俗之醫所不能為也雖然意聞之也有所資於意不如無意之為愈也有所待於養不如無待之

四百卅一

爲愈也敢問人有精神也其升降上下與晝夜相通也與天地相灌注也其爲種凡有幾子華子曰意善哉而之問也觸類以演之進乎此則與知道者謀矣吾次其所以學也而擇取之矣夫天降一氣則五氣隨之寄備於陰陽合氣而成體故有太陽有少陽有太陰有少陰陰中有陽陽中有陰故陽中之陽者火是也陰中之陰者水是也陽中之陰者木是也陰中之陽者金是也土居二氣之中間以治四維在陰而陰在陽而陽故物非土不成人非土不生北方陰極而生寒寒生水南方陽極而生熱熱生火東方陽動以散而生風風生木西方

陰止以收而生燥燥生金中央陰陽交而生濕濕生土是故天地之間六合之內不離於五人亦如之血氣和合榮衛流暢五藏成就神氣舍心魂魄畢具然后成人是故五藏六腑各有神主精禀於金火氣諧於水木精氣之合是生十物精神魂魄心意志思智慮是也生之所自謂之精兩精相薄謂之神隨神往返謂之魂並精出入謂之魄所以格物謂之心心有所憶謂之意意之所存謂之志志之所造謂之思思而有所顧慕謂之慮慮而有所決擇謂之智夫於智十累之上也至於智則知所以持矣知所以持則知所以養矣榮衛之行無失

厥常六腑化穀津液布湯故能久長而不弊流水之不
腐以其逝故也戶樞之不蠹以其運故也是以精上則
滯神惛則伏魂拘則沉魄散則耗心煩則惑志鬱則陷
意營則罔思濫則殆慮殫則蒙智礙則愚故所謂持者
持此者也所謂養者養此者也意善哉而之間也觸類
以演之進乎此則與知道者謀矣公仲子曰夫子之言
也而之間也承也得所未之嘗聞如發蔀焉願夫子益
其說而稽徵其所以僻也子華子曰然言固不可以一
而足也夫心也五六之主也精神之舍也心之精爲火
其氣爲離其色赤其狀如覆蓮其神爲朱鳥其竅上通

於舌肝之精爲木其氣爲震其色青其狀如懸瓠其神爲蒼龍其竅上通於目肺之精爲金其氣爲兌其色白其狀如懸磬其神爲伏虎其竅上通於鼻腎之精爲水其氣爲坎其色黑其狀如介石其神爲玄龜其竅上通於耳脾之精爲土其氣爲戊巳其色黃其狀如覆缶其神爲鳳凰其竅上通於口是故脾腎心肝肺五官之司口舌鼻耳目五官之候脾之藏意腎之藏精心之藏神肝之藏魂肺之藏魄金木水火土五精之總也寒熱風燥濕五氣之聚也水以潤之火以熯之土以溽之木以敷之金以斂之此以其性言也水之冽也火之炎也土

之蒸也木之溫也金之清也此以其氣言也水在下火在上土在中木在左金在右此以其位言也水之平也火之銳也土之圜也木之曲直也金之方也此以其形言也水則因火則革土則化木則變金則從革此以其材言也水井漑也火爨冶也木金器械也土爰稼穡也此以其事言也夫盈於天地之間而充物者惟此五物也凡五物之有不可無也其所無不可有也微者養之使章弱者養之使強損者養之使益不足者養之使有餘無物不養也無物不備也夫是之謂和喜怒哀恐思不能汨也視聽言貌思不能奪也夫是之謂大和之國

無待於意而爲醫大和之俗無待於養而爲藥不以欲
滑和不以欲亂情中無載則道集於虛矣心無累則道
載於平矣安平恬愉吐故納新靜與陰同閉動與陽俱
開若是者由人而之天合於太初之三氣矣以之正心
脩身治國家天下無以易於此術也吾之説盡於此矣
二子拱而退書以識之

神氣

子華子曰古之至人探幾而釣深與天通心清明在躬
與帝同功是以進爲而在上則至精之感流通而無礙
以上行而除浮以下行而極憂以旁行而塞於四表不

言而從化不召而效證以其所以感之者內也伏羲神農之世其民童蒙瞑瞑蹎蹎不知所以然而然是以永年黃帝堯舜之世其民樸以有立職職植植而弗鄙弗夭是以難老末世之俗則不然煩稱文辭而實不效知譎相誕而情不應蓋先霜霰以戒裘爐者夫機栝存乎中而群有詐心者族攻之於外是以父哭其子兄喪其弟長短頡頏百疾俱作時方疾癘道有繈負盲秃狂傴萬怪以生所以然者氣之所感故也夫神氣之所以動可謂微矣日月薄食虹蜺晝見五緯相凌四時相乘水竭山崩宵光晝冥石言犬痾夏霜冬雷繆盭之族諸禍

之物不約而總至所以然者氣之所感故也夫神氣之
所以動可謂微矣故曰天之與人其有以相通此之謂
也
留務茲從子華子游者十有二年日相屬而言不接也
業成而辭歸將隱居於五源之溪子華子曰天下之物
有甚滑稽而難持者女知之矣乎疾之則脫緩之則滅
焉以逝非捉圞之謂也而所謂善持者能爲之於疾徐
之間今女之所治吾無閒然者矣然子之志則廣取而
汎與者也吾恐女之後夫擇者也其將有剽女之外郛
而自築其宮庭者矣登女之車而乘之以馳騁於四郊

者矣取女之所以爲璧者毀裂而五分之者矣夫道固惡於不傳也不傳則妨道又惡於不得其所以傳也不得其所以傳則病道今女則往矣而思所以慎厥與也則於吾無間然者矣

子車氏之猳其色粹而黑一産而三豚焉其二則粹而黑其一則駁而白惡其弗類於己也嚙而殺之决裂其腎腸糜盡而後止其同於己者字之惟謹而恐其傷也子華子曰甚矣心術之善移也夫目眩於異同而意怵於愛憎雖其所自生殺之而弗悔而况非其類矣乎今世之人其平居把握附耳呫呫相爲然約而自保其固

曾膠漆之不如也及埶利之一接未有毫滓之差蹴然而變乎色又從而隨之以兵甚矣心術之善移也無以異乎子車氏之猳

宋有澄子者亡其緇衣順塗以求之見婦人衣緇衣焉援之而弗舍曰而以是償我矣婦人曰公雖亡緇衣然此吾所自爲者也澄子曰而弗如速以償我矣我昔所亡者紡緇也今子之所衣者禪緇也以禪緇而當我之紡緇也而豈有所不得哉子華子曰夫利之惛心也幸於得而已矣忘其所以爲質者矣幸於得而忘其所以爲質夫何所憚而不爲之哉今世之人求其不爲澄子

者或寡矣
子華子曰今世之士其無幸歟川閡水以成川世閡人
而爲世河之下龍門也疾如箭之脱筈人壽幾何而期
以有待也治古之時積美于躬如膚革之就充惟恐其
不脩弗戞於無聞如擊考鼓鐘其傳以四達繹如也今
則不然荒飈怒號而獨秀者先隕霜露霄零而朱草立
槁嫦市之徒又從而媒孽以髡搖之是以萌意於方寸
未有毫分也而觸機穽㞾布其四體未有以爲容也而
得拱梏懷抱其一槩之㨂泯泯默默而顧有以試也而
淈漫之長夜特未旦也疾雷破山澍雨如霪雞鳴喑於時

而失其所以爲司晨也人壽幾何而期以有待也今世
之上其無許歟
子留子築居於五源之溪使其徒公子賓脊見子華子
於齊曰先生之役子留子使賓脊也欲以有請大五源
之溪天下之至窮處也魑吟而魅啼且曉昏而日昳也
蒼蒼踟躕四顧而無有人聲雖然其土脉膏以發其植
物也兌兌以澤其清流四注無乏於濯溉其蘋草之芼
足以供祭也流光馳景却顧於斷蹊絕壑之下雲雨之
所出入也其石皴栗爛如赭霞鳥草之芬從風以揚壟
耕溪飲爲力也佚而坐嘯行歌可以卒歲今先生之年

運而往矣而其所以蘊藏者無期惟是河汾之間不吾容也而寄食於海瀕歲又弗稔其何以供億今之諸侯其地相埒也其德相若也先生之車軫其將誰氏知之是以子留子使賓否也敬以有請無寧先生而肯照臨於山溪之中將使斯人也耳聞而目明先生豈無意於此乎子華子曰爾歸而語而夫子矣而以所以屬於我者渠渠不忘於我之心惕惕如也吾聞之太上違世其次違地其次違人而之所志其違地矣乎曩者吾有緒言於會矣曰我必死爾以吾骨反而涉河以從吾先人於岑塞之下我之意也已有所在矣不得而從於爾之

求夫夫志之所存雖遯而親雖缺而成疆裂壤斷不吾間也而合而後吾知神爽坐馳於五源之間而亦將朝夕而惟余是從吾何必往也噫來賓胥我之不得往猶而夫子之不得來也詩不云乎莫往莫來使我心疚吾之與而夫子也其弗覩矣夫

子華子自齊而歸召子元而訓之曰來爾會而小子其謹志之昔吾之宗君爲周日正周公作成周定鼎於郟鄏脩和周郊於是吾之宗君爲其所以爲祥者其族有三曰瑚璉之璞也曰太山之器車也曰唐叔異畝之禾也唐叔得禾異畝同穎吾之宗君請以爲獻王命分寶

重于魯公時唐叔親歸禾於周公作歸禾周公旅天子之命作嘉禾是以吾之宗君始有蒲璧以朝作程典令其顯庸書在故府逮宣王之時吾之宗君入董六師爲王虎臣是曰司馬司馬之後凡九世而其子孫或播居於汾河之間十有一世而國并於溫先大夫宣主之棄世也背違其群而吾之宗君厥有大造於趙宗如瓜苗之有衍我是以庇其榮而食其實及吾之身雖不釋於簡主而趙則直吾姓之所宗氏也今主君之爲人強毅而法能忍詬而無懸挺挺而不回且受人之規言其將光啓于趙氏之業而大其前人吾且老矣而不得以相

王成來爾會而小子其謹志之其勿有二心以事主君惟是窀穸之事吾之所以后其先人者弗儉弗侈允釐其中其勿以世俗之垢昏而以浼我之所脩乃若爾會之所以自勗者則惟無宗君之忝其於我亦預有無窮之聞來爾會而小子其謹志之

按子華子書首載劉向校定序而藝文志乃無此目隋唐及宋志悉無吳兢李淑二家書目亦不載必後世文士依托也朱子曰其理多取佛老醫卜其字多用左傳班史其粉飾塗澤俯仰態度類近時巧于模擬變撰者所為决非先秦古書也原其所自衹因家

語有孔子與程子傾蓋而語一事意必當時賢者遂造爲此書以傳合之或云王銍性之姚寬令威二人皆居越多作贋書然又恐非所及據此則書之假託審矣然其文辭論議時有可觀固詞林之所必録也

丁丑夏日志

子景第十冊

子華子二卷

周·程本撰

明萬曆二十三年(1595)歐陽清刊《五子書》本

子華子序

護左都水使者光祿大夫臣向言所校讎中子華子書凡二十有四篇以相校復重十有四篇定著十篇皆以殺青書可繕寫子華子程氏名本字子華晉人也晉自頃公失政政在六卿趙簡子始得志招徠賢儁之士為其家臣子華子生於是時博學能通墳典丘索及故府傳記之書性闓爽善持論不肯苟容

於諸侯聚徒著書自號程子名稱籍甚聞於諸侯孔子遇諸郯歎曰天下之賢士也簡子欲仕諸朝而不能致乃遣使者奉纁幣聘以為爵執圭是時簡子殺竇犢及舜華孔子為作臨河之操子華子亦逡巡不肯起簡子大怒將脅之以兵子華子去而之齊齊景公不能用也子華子館於晏氏更題其書曰子華子簡子卒襄子立子華子反於晋時已老矣

遂不復仕以卒今其書編離簡斷以是門人弟子共相綴隨紀其所聞而無次叙非子故所著之書也大抵子華子以道德爲指歸而經紀以仁義存誠養操不茍於售唯孔子然後知其賢齊大夫晏平仲與之爲乆要之交當時諸侯以勢相軋爭結怨連禍日以權譎爲事子華子之言如持水納石不相讎荅卒以不遇可爲酸鼻謹日録臣向昧死上

子華子卷上

晉人程本著

陽城胥渠問

陽城胥渠因北宫子以見子華子曰胥渠願有所謁也夫太初胚胎萬有權輿風轉誰轉三三六六誰究誰使夫子聞諸故記者審矣其有以發也胥渠願承其餘子華子曰噫嘻本何足以識之請以嘗試言之而子亦嘗試

而聽之夫混茫之中是名太初實生三氣上氣曰始中氣曰元下氣曰玄玄資於元元資於始始資於初太真剖割通二而為一離之而為兩各有精專是名陰陽兩端而三之數登於九而究矣是以棲三陰之正氣於風輪其專精之名曰太玄棲三陽之正氣於水樞其專精之名曰太一太一正陽也太玄正陰也陽之正氣其色赤陰之正氣其色黑水陽

也而其伏為陰風陰也而其發為陽上赤下
黑左青右白黃潛於中宮而五運流轉故有
輪樞之象焉水函太一之中精故能潤澤百
物而行乎地中風涵太玄之中精故能動化
百物而行乎天上上赤之象其宮成離下黑
之象其宮成坎夫兩端之所以平者以中存
乎其間故也中名未立兩端之不形是以坎
離斡乎中氣中天地而立生育萬物新新而

不窮陽之氣為火火勝故冬至之日燥陰之
氣為水水勝故夏至之日濕火則上炎水則
下注鳥飛而上魚動而下物類相動標本相
應孰究其所以來誰使其所以然因其然也
然不然也然乎然不然乎不然吾亦不知其
所以然也夫是之謂萬化原上決而成天下
決而成地既已決也命之曰中決必有所合
也命之曰和中和玄同萬物化生夫是之謂

三三六六陽城胥渠曰微夫子之言吾幾於
不靈子華子曰噫嘻本何足以識之請以嘗
試言之而子亦嘗試聽之子華子曰夫道一
也我與道而為三矣而我之百骸九竅毛髮
膏澤臟腑肝膈吹噓吸引滋液吐納無非道
也自此以往大撓甲子所不能紀也是故道
立於一而萬物之變也百事之化也散而為
萬殊裔淪而無涯古之知道者務全其生務

全其生者不亡其所有也不亡其所有者道之守也道之守者神之舍也是故全生者為上虧生次之死次之迫斯為下矣所謂全生者六欲皆得其宜也所謂虧生者六欲分得其宜也夫虧生則於其所尊者薄矣其虧彌甚則其尊彌薄所謂死者無有所知而復其未生也所謂迫生者六欲莫得其宜也皆獲其聽甚惡者也辱莫大於不義不義者迫生

也故曰迫生不如死人之常情耳聞而目見
也耳聞所甚惡不如無聞目見所甚不欲不
如無見是以迅雷則掩耳恐故也所貴乎嗜
粱肉者非腐鼠之謂也所貴乎飲醪醴者非
敗酒之謂也所貴乎尊生者非迫生之謂也
夫迫生之人鞠窮而歸故曰迫斯為下矣
公仲承問於程子曰人有常言黄帝之治天
下也百神出而受職於明堂之庭帝乃采銅

於首山作大爐焉鑄神鼎於山上鼎成群龍下迎乘彼白雲至於帝鄉群小臣不得上升攀龍之胡力顫而絶帝之弓裘墜焉於是百姓奉之以長號名之曰烏號之弓而藏其衣冠於橋陵信有之乎程子曰否甚矣世之好譎怪也聖人與人同類也類同則形同形同則氣同氣同則知識同矣類異則形異形異則氣異氣異則知識異矣人之所以相君長

者類也相使者形也相管攝者氣也相維持
者知識也人之異龍龍之異於咼咼之異於
雲言之辨也惡足以相感召而實使之耶其
不然也必矣世之好譎怪也吾聞之太古之
聖人所以範世訓俗者有直言者有曲言者
直言者直以情貢也曲言者假以指踰也言
之致曲則其傳也久傳久而僞則知者正之
譌甚而殽亂則知者止之夫黃帝之治天下

也其精微之感蕩上浮而下沉故為百福之宗為百福之所宗則是百神受職於庭也帝乃采銅者神昴熟也登彼首山就高明也作為大爐鼓陽化也鍊剛質物之器也上水而下火二氣升降以相濟中和之實也群龍者衆陽氣也雲者龍屬也帝鄉者靈臺之關而心術之變也帝之謂所類也形也氣也知識也雖與人同爾然而每成而每上也每成而

毋上則其精微之所徹達神明之所之適其去人也遠矣群小臣知識之所不及者也攀龍之胡有見於下也不得上升無見於上也有見於下無見於上者上也上下無見者民也弓裘衣冠者帝所以善世制俗之具也民無見也懷其所以治我者而已矣故帝之逝也號以决其慕藏以奉其傳此假以指喻之言也而人且亟傳之以相詆欺甚矣世之好

譎怪也千世之後必有人主好高而慕大以
久生輕舉而為羨慕者其左右狡詐希寵之
臣又從而逢之是將甘心於黄帝之所造者
矣夫人之大常生而少壯轉而為衰老轉而
為死亡聖凡之所共也上知之所弗幸免焉
者也且自故記之所傳若存而若亡大庭中
黄赫胥尊盧以來所謂聖人者不一族吾誠
恐大圜之上嶢榭聯累雖處什伯不足以處

也而復何所主宰臣何所使而其昏昏默默以至于今也是不然之甚者也然而世之人知者歆羡愚者矜跂甚矣世之好譎怪也夫周之九鼎禹所以圖神姦也黃帝之鑄一禹之鑄九其造為者同而所以之適焉者頗異是可以決疑矣且世之傳疑也不惟其傳昔宋有丁氏家故無井而出溉汲焉常一日而一人居外懲其如是也鳩工而穿井于其家

相與語曰今吾之穿井得一人矣有聞而傳之者曰丁氏穿井而得一人也國人更相道之語徹于宋君宋君召其人而質之丁氏對曰自臣穿井家獲一人之力非得一人於井也是故黃帝之鑄神鼎是井中人之譬也知者正之是宋君召其人而質之之譬也千世之後必有人主好高而慕大以久生輕舉而為美慕者其左右狡詐希寵之臣又從而逢

之是將甘心於黃帝之所造者矣此吾所以
反之復之而不能已者矣小子志之
郟子以達于禮聞于諸侯子華子亟往從之
見郟子焉子華子曰異乎吾所聞夫禮先王
所以定之也非所以揺之也夫禮所以開之
也非所以暴之也青黃黻黼文章之觀盡而
五色渝宮徵還激生生之聲足而八音汩陛
有繳罝水有網罟而飛羽伏鱗無以幸其生

矣詩不云乎潛雖伏矣亦孔之昭今郯子非
徒揺之也又從暴之也郯子而達於禮樂異
乎吾所聞肅駕而起遵塗而歸

孔子贈

子華子反自郯遭孔子於途傾盖而顧相語
終日甚相親也孔子命子路曰取束帛以贈
先生子路屑然而對曰由聞之士不中間見
女嫁無媒君子不以交禮也有間又顧謂子

路子路又對如初孔子曰固哉由也詩不云乎有美一人清風婉兮邂逅相遇適我願兮今程子天下之賢士也於斯不贈則終身弗能見也小子行之

子華子曰惟道無定形虛凝為一氣散布為萬物宇宙也者所以載道而傳焉者也萬物一者也夫孰知其所以起夫孰知其所以終凝者主結布者營散一開一斂萬形相禪太

古之時澹泊恬愉鹿聚而麕居其知徐徐其樂于于夫是之謂宇有無以相反也高下以相傾也盛盈蚠息以相薄也寵洪蘆符以相形也由是以生由是以紀由是以虧由是以成夫是之謂宙宇者情相接也宙者理相通也是故惟道無定形虛凝為一氣散布為萬物宇宙也者所以載道而傳焉者也

子華子曰夫言之所以感為響響欲絕而感

已移意之所以將爲思思未革而事前輟何則精神之所弗包焉故也七十九代之君法制不一號令不齊而俱王於天下明旌善類而誅鋤醜厲者法之正也其所以能行焉精誠也精誠不白則無以王矣其在後世以急刻而責恕以謟僞而課忠言非其願意非其真而保人之弗叛悲夫是旦坐於夕室也是白之懸而黑之募也是縱櫂於陛而發軔於

川也其亦不可以幸而幾矣是以欲治之君
將以有為於是者必先正其本術定其精而
不揺保其誠而弗虧夫然後出言以副情端
意以明指世雖亂也俗雖汚也而曰感不效
於影響者吾斯之未能信

子華子居於芩塞趙簡子將用之使使者將
幣於閭曰寡大夫乏使使下臣敬脩不腆以
勤先生之將命者子華子反幣再拜以肅使

者而進之於庭又拜而授辭曰主君之民某
如獲罪戾其敢逃刑以其弗嗇之故而適抱
薪纆之憂疾且有間則我請造於朝其敢重
辱我主君之命使者曰寡大夫且有緒言使
下臣敬致諸執事惟是晉國之寵靈願與先
生共之先生不違勤而貺以行請禄從者以
爵執圭子華子浸階而進再拜而言曰主君
之民某未有職業於朝也且有惡疾不堪君

之命弗敢以與聞再拜而送使者於門反其
室聚帑將行其子弟族立而疑北宮子曰意
聞之身脩於私名升於公曰古今之通誼也
主君國之宗卿也政所自出以禮交而弗荅
無乃不可乎子華子曰意吾以爾為可以忘
言也而猶有萌焉夫萌於中必嘗於外其意
之謂矣且彼召我者夫豈徒然哉必有以處
我者矣為人之所處者不得安其所自處矣

是故古之人慎於其所以處也昔者吾友自郯聞語於孔子屬屬焉不忘於心孔子之所志其過人者遠矣曰者主君之召也孔子轍環於河滸而弗肯以濟援琴而寫志命之曰臨河之操其亂曰河之水洋洋兮丘之不濟此命也夫孔子之所以弗至是乃我所以行之也意吾以爾為忘言也而猶有萌焉夫以小人之所察而量君子之心意爾其殆矣比

宮子遂強以見趙簡子簡子聞子華子至再拜而迎曰不穀得奉社稷之靈以撫有四封之内先君有禮所以既賓客而交際之紀廬人實典治之吾子辱而在於敝邑有日矣以歲之不易而隷人有朝夕之虞願致戎邑方三四十里若五六十里以為芻秣之共吾子其曲意以臨之子華子曰臣也不武年運而往矣顛毛種種懼不任君之事以為司敗憂

也君有四圍以扞四方臣弗堪也明日子華
子行食於葵亭之口北宫子曰秦未有失也
絶人之善意而又剖迹以去之夫子所以責
人者太察矣子華子曰然非爾所及也夫秦
君之志大而求遠其所以望於我者厚則吾
無以甚其求矣且爾亦聞牧野之事乎周之
六師壓郊而陳武王韈繫解焉有五臣者將
受誓事於前王顧而使之係五臣者相目而

對曰臣之所以事君王非為係轙者也正不
得已乃釋旄鉞而親係之夫人君能致其君
能有所不為然後可以責之以有為人臣能
有所不爲然後能無不為也本也未能無不
為者也能有所不為矣
子華子違趙趙簡子不悅燭過典廣門之左
簡子召而語之以其故燭過對曰彼庚人也
而傲侮公上法所弗寘也且無以為國矣簡

子曰而士以兵之燭過至苓塞子華子之行
者三日矣燭過反命曰無及也簡子悔之使
使者於齊而使董安于寓書以招之子華子
稽首而來再拜以肅使者于庭而授之辭曰
主君之亡臣某不能束脩越在諸侯以為主
君憂臣聞之物高於所生士高於所守主君
之亡臣不佞而有四方之志其敢以為執事
者之所辱夫丘陵崇而穴成於上狐狸藏矣

溪谷深而淵成於下魚鼈安矣松栢茂而陰成於材塗之人則蔭矣主君之亡臣不佞實有隱衷唯執事者昭明其所存如日月之升以光燭於晉國將四海之士重繭狎至以承主君之令聞夫豈惟亡臣亡臣雖復野死以寘溝䀎其敢忘主君之賜惟執事者財幸焉簡子得書召無恤而戒之曰燭過小人也實使我獲罪於本吾且死汝必灰之慎不忘也

襄子曰諾

北宮子仕

北宮子將仕於衛子華子曰意來子之所以自事其心者亦嘗有以語我乎北宮子曰意未得以卒業也以是樵蘇之弗繼糊其顛頰於人雖然謹志其所欲為於善而違其惡也庶幾於完子華子愀然變乎容有閒曰意是何言歟善奚足願而惡奚足違吾語若聖人

不出天下潰潰日趨於迷欲以有已而卒於喪也已欲以達之於人而卒於失人凡以善故王者作興將以濯滌今世之惛慠去善其殆可乎哉善弗去亂未艾也而又奚以善為北宮子曰嘻有是哉願畢其說子華子曰人中虛圓不徑寸神明舍焉事物文滑如理亂棼如涉驚浸一則以之怵惕一則以之忌諱一則以之懲創是則一日之間一時之頃而

徑寸之地如炎如水矣夫所謂神明者其若
之何而堪之神弗留則竭明弗居則耗而又
奚以善為古之知道者泊兮如大羹之未調
譝譝兮如將孩隨推而遷因蕩而還其精白
津津若遺而復存其神明休休常與道謀去
美去慕孰知其故今子之言曰謹志於為善
則不善者將誰與耶違子之所惡則惡將誰
歸耶子而勿受歸而勿納則必有忿悁之心

起而與我立敵矣以我矜願之意而接彼忿悁之心何爲而不鬬鬬且不止小則嚚凌詬誶大則碎首穴胷夫以若之言而幸於完其幾於殆矣北宮子曰嘻若是其甚也子華子曰有甚哉吾語若禍之所自起亂之所由生皆存乎欲善而違惡今天下老師先生端弁帶而說乃以是召亂也學者相與熏沐其中扃而亦唯此之事是事禍也父以是故不慈

子以是故不孝兄以是故不友弟以是故不恭夫以是故不師婦以是故不從君以是故不仁臣以是故不忠大倫斁敗人紀消亡結轍以趨之而猶恐其弗及也悲夫石碏欲完其名而殺厚公子輙欲專其國而拒蒯聵寤生克叚忽出而突入季友鴆慶父叔向誅鮒雍糾之妻尸糾於朝莊（或作叔）仲子欲託其帑於魯而先虁其室先君厲公一言而殺三郤

華督父并忽或作忩於與夷毛舉其目尚不勝
為數也是皆名為求得所欲而能違所不欲
者矣然大倫斁敗人紀消亡結轍以趨之者
而猶恐其弗及也悲夫吾語若亂之所由生
禍之所自起皆存於欲善而違惡夫人之中
虛也不得其所欲則疑得其所不欲則惑疑
惑載於中虛則荆棘生矣父不疑於其子子
必孝兄不疑於其弟弟必共夫不疑於其婦

婦必貞君不疑於其臣臣必忠是還至而效
者也百事成而一事疑道必廢三人行而一
人惑議必格大道之世上下洞達而無疑志
堯舜三代之王也無意於王而天下治所循
者直道故也是以天下和平天下之所以平
者政平也政之所以平者人平也人之所以
平者心平也夫平猶權衡然加銖兩則移矣
載其所不欲其為銖兩者倍矣故曰矜功者

不立厝頹者不至非惟不足以得福而行又以召禍故吾不悅於子之言今子亦平其所養而直以行之何往而不得何營而不就而又奚以善為且不可以有為也堯曰若之何而善於予之事舜亦曰若之何而善於予之事是上與下爭為善是兩實也兩實則烏得平平不施焉則惡得直失其所以平直則堯無以為堯矣舜無以為舜矣吾子謹志於堯

舜也而又奚以善為北宮子之衛主於叔車氏叔車氏有寵於衛君國人害其嬖而將討之北宮子喟然歎曰吾為是違夫子之言也是以獲戾於此也吾何以衛為致其所以為臣而歸

晏子治阿三年毀聞於朝公不悅召而將免焉晏子辭曰臣知過矣請復之三年而舉國善之謡言四達公將致其所以賞晏子辭焉

公曰何謂也晏子對曰昔者臣之所治君之所當取也而更得罪焉今者臣之所治君之所當誅也而更得賞焉非臣之情臣不願也子華子聞之曰晏子可謂直而不阿者矣晏子之辭受其可以訓矣齊之蕪也固宜夫人之常情譽同於己者助同於己者愛同於己者愛之反則憎必有所立矣助之反則擠必有所在矣譽之反則毀必有所歸矣然而人

主不之察也左右執事之臣從而得其所欲為則不禁也世之治亂蓋常存乎兩間齊之蕪也固宜

子華子曰元太初之中氣也天帝得之運乎無窮后王得之溥博無疆人之有元百骸統焉古之制字者知其所以然是故能固其元為完具之完殘其所固為寇賊之寇加法度焉故曰殘固之謂寇毀賊則為賊夫穿垣竇

發鎬鑰其盜之細也夫

虎會問

虎會以其私問於程子曰主君何如主也程子曰昔堯舜在上塗說而巷議所不廢也是是非非之謂士試為吾子言之本也不敢以古事為考先大夫文子之志也好學而能受規諫立若不勝衣言若不出口身舉士於白屋之下者四十有六人皆能獲其赤心公家

賴焉及其殁也四十有六人者皆就賓位是其無私德也夫好學知也受規諫仁也無私德焉忠也江之源出於汶山其大如甕口其流可以濫觴順沿而下控諸群荊廣袤數千里方舟然後可以濟此無他故也所受於下流者非一埊也夫先大夫文子其訓於是矣是以有孝德以出公族有恭德以升在位有武德以羞為正卿用能光融於晉國顯補其

君以主盟於諸侯天下賴其仁兵銷之不試者垂十許年今主君懋其勲庸而光賁於趙宗無以則先大夫文子是焉取則尚德率義以弘大其光烈其將有譽於四方也乃若范氏中行氏弗自克也而以覆其宗鄉此則主君之所知也虎會曰辨矣夫子之言顧少進也會得聞而謁諸主君庶幾其有瘳程子曰詩不云乎王欲玉女是用大諫夫糾其邪志

而濟其所之是忠臣之所留察也吾子其勉
行之矣本問之山有猛虎林樾弗除江河納
汙衆流是瀦昔者秦穆公以秦之士為不足
也起蹇叔於宛迎丕豹於鄭取由余於戎拔
百里奚於市用強其師以伉慧懷于斯時也
晉國翦弱焉惟秦是從是故國以士為筋榦不
可以不察也今主君之未得志也有賓叔子
者推其後而進之有舜華者挽其不及而使

之當於理有吾丘鴆者展布四體以為紀綱
之僕本聞之竇叔子之為人也強毅而有立
方嚴而不剉其事主也齊戒袚濯而無有回
心舜華多學而強記恥其所聞不惠於古初
其立論挺挺而不可以奪吾丘鴆年十有五
而始以勇力聞及其壯佼也四鄰畏之能以
人投人以車投車其視太行之險猶之步伢
之丘此三臣者舉晉國之選也主君之所與

懋昭其庸而光貴于趙宗者也公室六分河
山之間龜析而鼎立范氏中行氏不庇其社
而顛其宗主君之所不刋則緊此三臣之助
令無故而戮叔子矣又斃舜華於野以罪名
不聞於國人吾丘鴆恐焉褁粮而之於他國
主君之末之思耶何其首尾之刺戾也如是
則主君之所以遠於大競者也吾子主君之
信臣也夫人誰無過過而能改心焉聖人之

所畏也今吾子能弗憚煩而以其耿耿之思務以箴王君之闕遺將國人是賴吾子其勉行之矣

子華子見齊景公公問所以為國柰何而治子華子對曰臣愚以為國不足為也事不足治也有意於為則狹矣有意於治則陋矣夫有國者有大物也所以持之者大矣狹且陋者果不足以有為也臣愚以為國不足為也

事不足治也公曰然則國不可以爲矣乎子華子曰非然也臣之所治者道也道之爲治厚而不薄敬守其一正性内足群衆不周而務成一能盡能既成四境以平唯被天符不周而同此神農氏之所以長也堯舜氏之所以章也夏后氏之所以勤也夫人主自智而愚人自巧而拙人若此則愚拙者請矣巧智者詔矣詔多則請者加多矣請者加多則是

無不請也王雖巧智未無不智也以未無不知應無不請其道固窮為人王而數窮於其下將何以君人乎窮而不知其窮又將自以為多夫是之謂重塞之國上有諱言之君下又苟且之俗其禍起於欲為也其禍起於願治也夫有為願治之心而獲夫重塞之禍是以臣愚以為國不足為也事不足治也昔者有道之世因而不為責而不詔去想去意靜

虛以待不伐之言不奪之事循名覈實宮庀
其司以不知為道以柰何為實神農曰若何
而和萬物調三光堯曰若何而為日月之所
燭舜曰若何而服四荒之外禹曰若何而治
青北九陽奇怪之所際是故此王者天下以
為功後世以為能以故記之所道而君之所
知也臣聽而不知方始而至於朝也竊有疑
焉齊之所以為齊者抑以異矣鍾鼓柷圉曰

以枟考而和聲不聞司空之力鋸斷斷如也
而罪罟滋長諸侯之賓客膏其唇吻而爭進
諛言左右在廷之人主為蔽蒙僮夫竪隸曉
然皆知公上之有惱心也造為謌謡以蠱君
心君曾不知之也晃旒清晨位宁以聽愍焉
以古人自耦君之心則泰矣夫其誰而顧肯
以其一介之鄙試嘗君之嗜好而以干其不
測之禍臣戇而不知方始而至於朝也竊有

疑焉夷考所由來以君之心勝故也心勝則道不集矣群臣之不肖者又隨而揚之故其弊日以深其固如性而君曾不之知也夫以君之明蹶淪其所底滯而開之以鄉道夫孰能禦之抑臣聞之萬物之變也萬事之化也不可為也不可究也因其言而推之則無不得其要者矣故臣愚以為國不足為也事不足治也公曰洋洋乎而之所以言吾欲以有

說而無所措吾辭而之道愽大而無倪吾所不能為也嘗曰有以拂吾之陋心子華子退而食於晏氏

子華子往見季沈季沈曰自吾從於夫子也轍迹不遺於四國未有終歲以處也夫子亦勤且病矣哀也鄙人不通於夫子之量天下失道黑白溷溷而吾夫子駕其說將安之哀將有以請而弗敢也願質之於吾子子華子

曰然仲尼天也其可違物而莫處乎其可絶物而自營乎日月不宇宙四指必迷所鄉矣仲尼人之準繩也仲尼之轍迹則病矣而亦皇暇之恤季沈曰敢問吾子之不試何也子華子曰本也何足以望夫子夫子軫方而轂圓者也將無乎而不可我則有所可也夫以我之所可而從夫子之無乎不可逝將從其後也

晏子

子華子謂晏子曰天地之間有所謂隱戮者而莫之或知知之者其幾於道乎晏子曰何謂也子華子曰天地之生才也實難其有以生也必有所用也如之何其將擁之蔽之而使之不得以植立也天地之所大忌也日月之所燭燎也陰陽之所杌移也鬼神之所伺察也是以帝王之典進賢者受上賞不薦士

者罰及其身善善而惡惡其實皆衍于後嘗試觀之夫物之有材者其精華之藴神明之所固護而祕惜不可以知力窺也豢金以泑固玉以璞珠之所生漩洄之淵而隈澳之下也豫章楩柟之可以大斲者必在夫大山窮谷孱顔嶇峿之區抉剔之掎摭之剥削之茍不中於程度則有虎狼蛟黿虺蜴之變雷霆崩墜覆壓之虞何以故天地之生才也實難

其有以生也必有所用也如之何其將壅之蔽之而使之不得以植立是謂之違天而黷明違天而黷明神則殛之雖大必折雖炎必撲荒落而類圮敗而族夫是之謂隱戮隱戮也者陰騭之反也如以匙勘鑰也如以璽印塗也必以其類其影如響晏子曰駭乎哉吾子之言也嬰也願遂其所以聞子華子曰大夫無甚怪於余之所以言也余之所以言其

有以云也今夫人之常情為惡其毀也成惡其虧也於其所愛焉者則必有恪固之心恪固之心萌於中麾卒然而攻其所甚愛則必曹起而爭爭而不得則必氣沮而志奪氣沮而志奪則拂然而怒塡乎膺拂然而怒塡乎膺則將無與為蔽者矣天地之所以生材也甚愛之甚惜之則其所以有恪固之心曾何以異夫人之常情世之人莫之或知也徒恃

其胷腹之私與其佼譎變詐之數翕翕而詆詆巧觝而深排規以幸人不已勝也夫人之勝人也何有天地之鑑也神明之照也甚可畏也甚可怖也如使之氣沮而志奪拂然而怒以充塞乎兩間偏俱庢鬱聚而為陰陽之罰其中於人也必慘矣是必至之勢而無足經怪者悲夫世之人莫之或知知之者其幾於道矣本晉國之鄙人也嘗得故記之所以

道者矣昔先大夫欒武子之在位也夙夜靖共矯枉而惠直不忘其職守而以從其君厥有顯聞布在諸侯之冊書逮其嗣主則不然弗類于厥心放命以自賢怙寵專權翦棄人士圖以封殖于厥躬國人疾視之如目有眯焉日移其志以速厥罰欒氏以亡昔先大夫隨武子之在位也明睿以博識晉國之雋老也然且慆焉而不自居惟曰余有所不見惟

曰余有所不知惟曰余有所不聞瞋有所志
旦而升諸公是以晉國之士無遺其材者用
能光融昭著以有立朝父子兄弟以世及也
而為晉宗卿逮其嗣主則不然嚚嚚自庸而
巧持其非心毀本塞原甚於虺蜮日惟諛佞
之小夫是暱是用絜然知者遠之洒然善者
伏藏以在下日移其志以速厥罪范氏以亡
昔先大夫中行文子之在位也援職俊良振

其滯淹人之有技能如出於厥躬恪謹弗解惟力是視是以能相其君以尋盟諸侯逮其嗣主以苛為察以欺為明以刻為忠以計多為善以聚斂為良崩角摘齒恐人之軋已也門如鬧市惟利是視憸人乘間而會逢其惡極其回邪如鬼如蜮日移其志以速厥罰中行氏以亡兄此三王者晉國之世臣也所謂崇蘊窮窿而不遷之宗也而又其先大夫皆

有玄德以媚于上下神祇其在嗣王荒墜厥訓用以覆宗滅緒餒其先靈而不得以血食于晉國無他故也恃其盛強昌庚而蔑棄於理憑人而勝天藏忮於中而以之違天地之所恪固是以其酷如是也而況於單族後門之士竊人之爵禄而邀覬於一時之幸虐愒而恫疑且懼人之出於其上也疑似之迹未明同異之志未講而壅之蔽之使之不得以

植立也則其得禍也必有深於晉之三王者矣夫築垣墉者務其高而不務其實高不隱仞而基傾之矣以兩手而揜人之聰明自以為得也而不知其聾聵之疾已移於已也悲夫夫豈不為之大衰矣乎晏子曰駭乎哉言也微吾子嬰無所聞之嬰也請刻諸佩觿以志其不忘也

晏子問於子華子曰齊之公室懼卑柰何子

華子曰夫人之有欲也天必隨之齊將甲是求夫何懼而不獲昔者軒轅二十五宗故黃祚衍于天下子今未忘也宗周之王也姬姓之封者凡七十夫指之不能率其臂猶臂之不能運其體也今齊自襄桓以來輧斬焉朝無公姓野無公田帶甲橫兵挾轂而能戰非公士也結綬纚纚位列而籍居非公臣也公族之子若其孫散而之於四方惟童隸是伍

公所以與俱者自有肺腸者也於詩有之豈無他人不如我同姓何以是踽踽而以臨於人上也齊將甲是求夫何懼而不獲今之人分財一賄而設鉤策焉非以夫鉤策者為能均也使善惡多寡無所歸其怨也是以聖人窮造物以為識量然且龜卜筮蓍以為決所以立言於公也聲出而應律身出而協度然且權量尺石以為器所以立正於公也義識

而理訓舉天下無敢以容其議然且書契章程以為式所以立信於公也德澤汪濊威制宏遠盡四海之大無不面納然且法度禮籍以為準所以立義於公也今齊則不然所以為國舉出於私矣非止畢此而已也而又公歛其怨私受其福矣公竊其名私享其實矣齊之忘於公室也非一日也故齊將畢是求夫何懼而不獲

子華子曰昔先王之制法也有本衍焉有末度焉因而弗作守而弗為去羨去慕與四時分其敘與寒暑一其度不言而民以之化不令而民以之服是以能因則大矣能守則固矣夫有心於作法之細也作而刻其真法之原也法也者制世之麤迹也而且不可以容心焉而況於營道術乎於傳有之循道理之數而以輔萬物之自然六合不足均也七十

九代之君其為法不同而俱王於天下用此道也

子華子卷上

子華子卷下

晉人程本著

晏子問黨

晏子見於子華子曰日者嬰得見於公公惡夫群臣之有黨也曰子將何方以弭之嬰無以應也吾子幸教以所不逮虛心以承子華子曰嘻君之及此言也齊其殆矣乎游士之所以不立於君之朝以黨敗之也人主甚惡

其黨則左右執事之臣有以藉口矣夫左右
執事之臣其託寵也深其植根幹也固背誕
死黨之交布散離立聯累羅絡而為之䟽苟
非其人也則小有異焉者不得以參處乎其
中間也士以廉潔而自好者夫孰肯舍其昭
昭以從人之昏昏洒焉若將以有浼焉必不
容矣是以左右執事之臣因其脩而黨之曰
黨人也人君曾不是察隨其所甚惡而甘心

焉於是有流放戮辱之事夫士之自好者削
斲數椽足以自庇而一簞之食足以糊口其
孰肯以不貲之軀而投人主之所必怒者耶
嘻君之及此言也齊其殆矣乎小人之始至
於齊也小異者不容而已矣今則疑似者削
跡矣小人之始至於齊也婾婀脂韋者未必
御也今則服冕而乘軒者矣小人之至於齊
為日未數數也而其變更如此齊其未艾也

人君曾不是察而左右執事之臣又原君之所甚惡因以聚游士之修舉齊之朝將化而為私人也日往而月易築壇級於公宮而君不得知也嘻君之及此言也齊其殆矣乎

子華子謂晏子曰夫治有象大夫亦嘗聞之矣乎晏子曰嬰願聞之於吾子矣子華子曰治古之時其君之志也端以有脩其臣同德比義而無有異心朝無幸位事無失業其四

野之外耒耜從其宜溝畎以其便其民愿而從法疏而弗失上下翦翦惟其君之聽蟄氣伏息災疫不作四鄰寢兵而珪玉繒幣以承其權此非治象而云何今齊之正言不聞聰明不開朝弟而不除野荒而荐饑其去治象也遠矣無等級以寄言者矣本聞之下無言謂之喑上無聞謂之聾聾喑之朝上有放志而下多忌諱齊之謂也且合升勺龠合以登

之斛廩則成矣太山之高非一石之積也瑯琊之東渤澥稽天非一水之鍾也所以治國家天下者非一士之言也今齊之執事者其字矣乎墨以為明孤而為蒼以一為二以二為三公不能禁也植黨與而獲其所同忌前而排孤嬪婀脂韋者日至於君之前固寵而恃便公不能禁也猶之買馬者然不論其足力而以色物毛澤而為儀則廄無走馬矣猶

之售玉者然不論其麤無貞温粹而無瑕者而
以大小徑廣為儀則篋無連城矣惟士亦然
論士不以其才而以埶地為儀則伊尹仲父
不立於朝矣且齊之為國也表海而負嵎輪
廣隈澳其塗之所出四通而八達游士之所
湊也今齊君之所習而狎者非鮑國之私人
則崔田之黨也游士無所植其足矣游士無
所植其足則憑軾結轍而違之夫游士之所

以去則治象之所以不存也本聞之窮鄉下里其為叢冣祠也不過於危酒而臠肉蕪國之社不難於請福今齊之蕉萃也甚矣所欲以為治者不半於古之人而功則畧具矣夫子之於齊君也朝夕進見而猶固惜自愛也獨不出其謦欬而規以振起之夫子之仁心抑已偏矣晏子曰善微吾子嬰無所聞之嬰之於君犬䖏之臣也吾子之言之也嬰有罪矣

晏子問於子華子曰聖人尚儉於傳有之乎子華子曰有之夫儉聖人之寶也所以御世之具也三皇五帝之所留察也晏子曰嬰聞之堯不以土階為陋而有虞氏狀戒於塗髤其尚儉之謂歟子華子曰何哉大夫之所謂儉者夫儉在內不在外也儉在我不在物也心居中虛以治五宮精氣動薄神化回潏嗇其所以出而謹節其所受然後神宇泰定而

精不搖其格物也明其遇事也剛此之謂儉
而聖人之所寶也所以御世之具也三皇五
帝之所留察也何封大夫之所謂儉也夫視
入以為出庚氏之職業也操贏而制餘商賈
子之所為也中人之家計口然後食閭里之
志也乃若天子者大宮也有天下者大器也
臨萬品御萬民窮天之產罄地之毛無有不
共無有不備此則古今常尊之執也柰何而

以閭里之所志商賈子之所為庚氏之職業
仰而議夫堯舜之量哉此腐儒之所守而汙
俗之所以相欺者也上階塗隸之說野人之
所稱道而於傳所不傳者也本聞之堯居於
衢室之宮垂衣而襞幅遂如神明之居輯五
瑞以見群后帶幅舃而入覲者如衆星之拱
北堯則若固有之也舜遊於巖廊之上被袗
衣而鼓五絃之琴晝日月於太常備十有二

章黼黻玄黃爛如也出則有鸞和動則有珮
環步趨中於莖韶之節舜亦若固有之也夫
堯舜之備物也如此而惡有所謂土階三尺
茅茨不翦者惡有所謂塗髹以自狀戒者此
腐儒之所守而汙俗之所以相欺者也故記
所不道也桀紂之亡天下也以不仁而不以
奢也戒奢者有禮存焉禮之所可存約則殺
可豐則腆豈有覽四海之賦受九畡之經入

而土階以居欲有塗髹而不敢也其不然也必矣且先王之制也玫玉則玫行旂旒冕璪以示登降之品今汙世人不通於禮也處尊而偏賤居大而侵小夫以至公之尊而國隸以自奉難為其下矣不惟以陋於厥躬也而又旁無以施其族黨上不豊其宗祧曰吾以是為儉也不亦夷貊之人矣乎晏子曰善微吾子嬰無所聞之也終不敢以論約

執中

子華子曰聖人貴中君子守中中之為道也幾矣寓中六指中存乎其間兩端之建而中不廢也是故中則不既矣小人恣睢好盡物之情而極其執其受禍也必酷矣何以言之朱明長羸不能盡其所以為溫也必隨之以揫歛之氣而為秋玄武沍陰不能盡其所以寒也必随之以敷榮之氣而為春孰為此者

天也天且不可以盡而況於人乎是故誠能由於中矣一左一右雖過於中也而在中之庭一前一却雖不及於中也而在中之皇及小人好盡則遠於中矣遠於中則必窘於邊幅而裂矣必觸於巖牆而僵矣必墜於阬塹而亡矣如以石而投之於淵也不極則不生矣悲夫天道惡盡而昧者不之知也古之君子齊戒以滌其心奉之而不敢失者其中之

謂歟天地覆壓中不磨也陰陽並交中不淪
也五色玄黃亂於前中不失也悲夫世之小
人快其志於俄頃之久而促失其所以為中
也危國喪身而不早悟也是之謂下愚而不
可動化者也

子華子曰天之精氣其大數常出三而入一
其在人而則出也吸則入也是故一之謂專
二之謂耦三之謂化專者才也耦者幹也化

者神也凡精氣以三成三者成數矣宓犧軒轅所柄以計者也赫胥大庭惝恍而有所遺者也故曰出於一立於兩成於三連山以之而呈形歸藏以之而御氣大易以之而立數也子華子曰道之所載曰出拓（或作岩）坦有足者斯踐之矣夫何故平故也愜濔濛澒而無不容一與二二與三吾不知其攸然而同謂之平夫何故虛故也惟虛為能集道惟平為能

載道無所於闕無所於忤虛之至也左不偏於左右不偏於右無作好也無作惡也如懸衡者然平之至也心胸之兩間其容幾何然則歷陸嶮嶇太行鴈門橫塞之靈臺之關兮水之不通而奚以有容嗜欲炎之好憎冰之炎與冰交戰焉則必兩相傷者矣是故革四壙則裂謂中滿則克薄氣發喑惴怖作狂積憂損心心氣乃焦故曰一虛一平而道自生

一平一虛而道自居

子華子曰王者樂其所以王亡者亦樂其所以亡故烹獸不足以盡獸嗜其脯則幾矣王者有嗜于理義也亡者亦有嗜乎暴慢也所嗜不同故其禍福亦不同也

子華子曰生者死之對有者無之反瘁者隆之因虧者成之漸大道無形無數無名無體以無體故無有生死以無名故無有有無以

無數故無有隆痺以無形故無有成虧既已域於四象者矣完不能無毀也是以韋革雖柔擴之則裂礦石雖堅攻之則碎剛柔重輕大小長短雖不同也同於一盡故古之制字字為之破而文亦如之

子華子曰周天之日為數三百有六十閱月之時為數一百有六十天地之大數不過乎此五方之物其為數亦如之鱗蟲三百有六

十震宮蒼龍為之長羽蟲三百有六十離宮朱鳥為之長毛蟲三百有六十兌宮麒麟為之長介蟲三百有六十坎宮伏龜為之長倮蟲三百有六十盈宇宙之間人為之長一人之身為骨凡三百有六十精液之所朝夕也氣息之吐吸也心意知慮之所識也手足之所運動而指股之所信屈也皆與天地之大數通體而為一故曰天地之間人為貴

子華子曰撞鈞石之鍾六樂合奏於庭所以寫樂也而隱憂者臨之而逾悲不主乎樂故也鬱摇而行歌促絃而急彈所以寫憂也而安恬者得之而逾歡不主於憂故也然則憂樂在外也所以主之者内也内之所感赭蒼互色東西貿區而昧者則不之知也故曰觀流水者與水俱流其目運而心逝者歟

子華子曰渾淪鴻濛道之所以爲宗也徧覆

包涵天之所為大也昭明顯融帝之所以為功也道無依阿天無從違帝無決擇然則心烏乎而宅道心天也天心帝也帝心人也人之心莫隱乎慈莫便乎恕赤子匍匐使我心惻隱於慈故也陵波而先濟跛而望乎後之人便於恕故也此心之弗失焉可以事帝矣可以格天矣可以入道矣此心之弗存焉道之所去也天之所違也帝之所誅也古之制

字者此玆為慈如是為恕非其心也則失類而悲是以挾道理以御人群者庸詎而忽諸子華子曰凡物之所有由者事之所以相因也理之所以相然也軸之軸車由所以相運也紬之紬思(或作絲)由是以相屬也姓伷之由族由是以有分也橘柚之抽味由是以有别也宇宙之宙理由是以有傳也禾之油油穀由是以登也雲之油油雨由是以降也憂心

有妯心由是以動也左旋右抽軍由是以正也故凡物之所由有者事之所以相因也理之所以相然者也

大道

子華子曰大道有源其源甚真名曰空洞空洞無有是生三元三元之功同立於玄縱而守之是謂三極衡而施之是謂三紀上下貫焉是謂三才一之所成萬紀以生一之所綱

萬有以藏是故空者無不備之謂也洞者無不容之謂也大道之源其源甚真無物不禀無物不受無物不度廣盡於無畛細淪於無間付畀禀受而不加貧醻酢應對而不加費故曰通於一萬事畢此之謂也

子華子曰仰而視之玄在焉俛而察之玄在焉旁行而四達玄在焉迎而望之玄參乎其前也揠足窘行去而違之玄瞠乎其後也是

故玄無所不在也人能守玄玄則守之不能守玄玄則舍之

子華子曰火宿於心炎上而排下其神躁而無準人之暴急以取禍者心使之也木宿於肝觸突干抵而銳其神狷束而無當人之樸戇以取禍者肝使之然也金宿於肺硜訇而不屈罄而不能仰也其神闔踈而無法人之許决以取禍者肺使之也水宿於腎瑟縮以

湊險其神伏而不發人之媕婀脂韋以取禍者腎使之也土宿於脾磅礴而不盡其滲漉也下注而不止其神好大而無功人之重遲瀝訥以取禍者脾使之也火氣之喜明也木氣之喜達也金氣之喜辯也水氣之喜藏也土氣之喜發生也是故事心者宜以孝事肝者宜以仁事肺者宜以義事腎者宜以知事脾者宜以誠實而不詐五物宿於其所喜五

事各施其所宜外邪之不入内宄之不泄夫是之謂善完

子華子曰甚矣世之人汪其目於視也目奚足信今有美麗佼好之人人之所同悅也然而蒙之以倛首則見之者棄之而走更之以輕紈阿裼焉則向之走者留行矣甚矣世之人汪其目於視也目奚足信

周含見子華子曰含聞之身修而名不立無

為於擇術矣庶羞百品雜進於盤几而咽不
下無為於貴饌矣抱璧而徒乞無為於貴寶
矣敢問吾子之所以志子華子曰然釜槩之
於量也不能以容於所不受尋墨之於度也
不能以及其所不至鈞天廣奏飛鳥過而不
止崇楹績栱猱狖逃焉且負動而方息所性
不同也火炎而水流習使之然也今以大夫
之所處而議本之所以志必不諧矣無以則

有一焉而願因以有獻也夫六虗有精純粹
美之氣而不敢傳焉託於物以寓其響流於
形於萬有而不敢以有為試嘗論其微矣伎
麗之苦窳也而醜則堅牢華壁之易以碎也
而金鐵則難陶甚矣物之不可以全也如是
是不可以一方取也是不可以一伎為也惟
知道者幾幾乎其能全今大夫少修而端慤
壯長伉以有立方將揭其昭明焉而以為人

之的其犯難也果其量物也偏而又且徑往而直前矯拂人之所不欲而規以自立甚無所用之虛名此非本之所得知也夫目之明能見於百步之外而顧不見其背也惟墻之後則無睹也無以則有一焉而顧因以有獻也

子華子曰萬物玄同孰是而孰非孰知其初孰知其終吾無得其所以然也命之曰一一

者衆之有宗也道得之謂之太一天得之謂
之天一帝得之謂之帝一帝一也者立乎環
中扣其響而不得也味其臭而不得也渾渾
兮如有容泊兮如未始出其宗茫茫兮如無
所終窮天一也者為而不宰成而不有機之
所由以出焉機之所由以入焉太一也有無
不有家能化一以為二化二以為三因三以
成萬物故曰一之變大矣三而三在九而九

有萬不同而管于一術通乎一術無一之不
知昧乎一術無一之能知是故音聲顏色臭
味之數不過於五五者立於一一立而萬物
生矣
子華子曰寒溫溼燥晦明之變則大矣形恒
乎化則涸而其形無盡喜怒哀樂思懼之化
則備矣神經乎變則涸而其形有餘正氣之
在人也上下灌注如環之無端莫知其紀極

也不可以為量也是能使其形之所澤鬱鬱勃勃而不可屈是能使其形之所宅完固靜專而不可撓是故能通於養氣之術者不可以務不白也且氣不勝邪攻之矣攻之而不已則氣必剉剉之而不已則向於消亡矣正氣漸盡邪術壯長心傷於中而色澤外變神去其軀而死矣是以古之知道者築壘以防邪蹊源以毓真深居靜處不為物攖動息出

入而與神氣俱魂魄守戒謹窒其兊專一不分真氣乃存上下灌注氣乃流通如水之流如日月之行而不休陰營其藏陽固其府源流泏泏滿而不溢沖而不盈夫是之謂久生

子華子曰人之性其猶水然水之源本甚絜而無有衰穢其所以湛之者久則不能以無易也易而不能反其本初則還復疑於自性者矣是故方圓曲折湛於所遇而形易矣青

黃赤白湛於所受而色易矣砰訇淙射湛於所閡而響易矣洄洑潋灔湛於其所以容而態易矣醎淡芳臭湛於其所以涤而味易矣凡此五易者非水性也而水之所以為性者則然矣是故古之君子慎其所以湛之

子華子曰天地之大數莫過乎五莫中乎五五居中宮以制萬品謂之實也冲氣之守也中之所以起也中之所以止也龜筮之所以

靈也神嚮之所以豐融也通乎此則條達而無礙者矣是以二與四抱九而上躋也六與八蹈一而下沉也戴九而履一攎三而持七五居中宮數之所由生一從一橫數之所由成故曰天地之大數莫大乎五莫中乎五通乎此則條達而無礙者矣

北宮意問

北宮意問曰上古之世天不愛其寶是以日

月淑清而揚光五星循晷而不失其次鳳凰至著龜兆甘露下竹實滿流黃出朱草生敢問何所脩為而至於是也子華子曰異乎吾所聞夫楨祥瑞應之物有之足以備其數無之不缺於治也聖王不識也君子不道也治世所無有也上古之世居有以慮宰多以少所以同於人者用舍也所以異於人者神明也神明之運其由也甚微其效也甚徑與變

相蕩遷與化相推移陰陽不能更四序不能虧洞於纖微之域通於恍惚之庭挹之而不冲注之而不湍彼其視鳳凰麒麟也豢牢之養爾彼其視澧液甘露也甽澮之舄爾彼其視芝房竹實凡草木之異者畦圃之毓爾彼其視玉石環怪凡種種之族者篋襲之藏爾故曰聖王不識也君子不道也治世所無有也昔者有虞氏彈五絃之琴以歌南風之詩

而光被四表格子上下周公之佐成王也希
膳不徹於前鍾鼓不解於懸而歌雍詠勺六
服承德凡禎祥瑞應之物有之足以備其數
無之不缺於治聖王已沒天下大亂父子失
性君臣失紀未有甚於今日也然且日月星
辰衡陳於上與治世同焉而已矣故曰天道
遠人道邇待著龜而襲吉福之末也顛蹶望
拜而謁焉其待則薄矣故聖王不識也君子

不道也治世所無有也吾恐后世之人主方
且雎雎盱盱唯此之事而為人臣者巧詐誕
譎以容悦於其君舍其所當治而責成於天
借或氣然而數繆也忽有鍾其變者色澤狀
貌非耳目之所屬也於是奉以為祥君臣動
色士庶華聽以至作為聲歌而薦之於郊廟
錯采績畫而以夸諸其臣民奄然以為後世
莫我之如也彼其却數於上世其所謂豢牢

之養也訓澮之寫也畦圃之䟘也篋襲之藏
也章章焉如日星之在上也乃始矜跂而以
為希有之事夷世而不可以幸冀者也甚矣
其亦弗該於帝王之量者矣
子華子居於苓塞北宮意公仲承侍縱言而
及於醫子華子曰醫者理也理者意也藥者
瀹也瀹者養也腑藏之伏也血氣之留也空
竅之塞也關鬲之礙也意其所未然也意其

所將然也察於四然者而謹訓於理夫是之謂醫以其所有餘也而養其所乏之也以其所益多也而養其所損也反其所養則益者彌損矣反其所養則有餘者彌乏之矣察於二尺者而加疏瀹焉夫是之謂藥故曰醫者理也理者意也藥者瀹也瀹者養也北宮意曰正惟是世俗之醫所不能為也雖然意聞之也有所資於意不如無意之為愈也有所待於

養不如無養之為愈也敢問人有精神也其升降上下與晝夜相通也與天地相灌注也其為種凡有幾子華子曰意善哉而之問也觸類以演之進乎此則與知道者謀矣吾次其所以學也而擇取之矣夫天降一氣則吾氣隨之寄備於陰陽合氣而成體故有太陽有少陽有太陰有少陰陰中有陽陽中有陰故陽中之陽者火是也陰中之陰者水是也

陽中之陰者木是也陰中之陽者金是也土
居二氣之中間以治四維在陰而陰在陽而
陽故物非土不成人非土不生北方陰極而
生寒寒生水南方陽極而生熱熱生火東方
陽動以散而生風風生木西方陰止以收而
生燥燥生金中央陰陽交而生濕濕生土是
故天地之間六合之内不離於五人亦如之
血氣和合榮衛流暢五藏成就神氣舍心魂

氣畢具然後成人是故五藏六腑各有神主精稟於金火氣諧於水木精氣之合是生十物精神魂魄心意志思智慮是也生之所自謂之精兩精相薄謂之神隨神往反謂之魂並精出入謂之魄所以格物謂之心心有所憶謂之意意之所存謂之志志之所造謂之思思而有所顧慕謂之慮慮而有所決釋謂之智夫於智十累之上也至於智則知所以

持矣知所以持則知所以養矣榮衛之行無失厥常六腑化穀津液布湯故能久長而不弊流水之不腐以其逝故也戶樞之不蠹以其運故也是以精止則滯神惛則伏魂拘則沉魄散則耗心忮則惑志鬱則陷意營則罔思溢則殆慮殫則蒙智礙則愚故所謂持者持此者也所謂養者養此者也意善哉而之問也觸類以演之進乎此則與知道者謀矣

公仲子曰夫子之言也而之問也承也得所未之嘗聞如發蔀焉願夫子益其說而稽徵其所以解也子華子曰然言固不可以一而足也夫心也五六之主也精神之舍也心之精為火其氣為離其色赤其狀如覆蓮其神為朱鳥其竅上通於舌肝之精為木其氣為震其色青其狀如懸瓢其神為蒼龍其竅上通於目肺之精為金其氣為兌其色白其狀

如懸磬其神為伏虎其竅上通於鼻腎之精
為水其氣為坎其色黑其狀如介石其神為
玄龜其竅上通於耳脾之精為土其氣為戊
巳其色黃其狀如覆缶其神為鳳凰其竅上
通於口是故脾腎心肝肺五官之司口舌鼻
耳目五官之候脾之藏意腎之藏精心之藏
神肝之藏魂肺之藏魄金木水火土五精之
總也寒熱風燥温五氣之聚也水以潤之火

以熯之土以溽之木以敷之金以斂之此以其性言也水之冽也火之炎也土之蒸也木之溫也金之清也此以其氣言也水在下火在上土在中木在左金在右此以其位言也水之平也火之銳也土之圜也木之曲直也金之方也此以其形言也水則因火則革土則化木則變金則從革此以其材言也水并洫也火文焚治也木金器械也土爰稼穡也

此以其事言也夫盈於天地之間而克物者惟此五物也凡五物之有不可無也其所無不可有也微者養之使章弱者養之使強損者養之使益不足者養之使有餘無物不養也無物不備也夫是之謂和喜怒哀恐思不能汩也視聽言貌思不能奪也夫是之謂大和之國無待於意而為醫大和之俗無待於養而為藥不以物滑和不以欲亂情中無載

則道集於虛矣心無累則道載於平矣安平恬愉吐故納新靜與陰同閉動與陽俱開若是者由人而之天合於太初之三氣矣以之正心脩身治國家天下無以易於此術也五之説盡於此矣二子拱而退書以識之

神氣

子華子曰古之至人探幾而鈎深與天通心清明在躬與帝同功是以進為而在上則至

精之感流通而無礙以上行而際浮以下行
而極憂以旁行而塞於四表不言而從化不
召而效證以其所以感之者内也伏羲神農
之世其民童蒙瞋瞋蹎蹎不知所以然而然
是以求年黄帝堯舜之世其民樸以有立職
職植植而弗鄙弗天是以難老末世之俗則
不然煩稱文辭而實不效知譎相誕而情不
應盖先霜霰以戒裘爐者矣機括存乎中而

群有詐心者族攻之於外是以父哭其子兄
喪其弟長短頡頏百疾俱作時方疾癘道有
繈負盲禿狂傴萬怪以生所以然者氣之所
感故也夫神氣之所以動可謂微矣日月薄
食虹蜺晝見五緯相凌四時相乘水竭山崩
宵光晝冥石言犬㾂夏霜冬雷繆盭之族諸
禍之物不約而總至所以然者氣之所感故
也夫神氣之所以動可謂微矣故曰天之與

人其有以相通此之謂也
留務茲從子華子游者十有二年目相屬而
言不接也業成而辭歸將隱居於五源之溪
子華子曰天下之物有甚骨稽而難持者女
知之矣乎疾之則脫緩之則浟焉以逝非捉
圜之謂也而所謂善持者能為之於疾徐之
間今女之所治吾無間然者矣然子之志則
廣取而汎與者也吾恐女之後夫擇者也其

將有剽女之外郛而自築其宮庭者矣登女之車而乘之以馳騁於四郊者矣取女之所以為璧者毀裂而玉分之者矣夫道固惡於不傳也不傳則妨道又惡於不得其所以傳也不得其所以傳則病道今女則徃矣而思所以慎厥與也則於吾無間然者矣

子車氏之猳其色粹而黑一產而三豚焉其二則粹而黑其一則駁而白惡其弗類於巳

也齧而殺之決裂其腎腸糜盡而後止其同於已者字之惟謹而恐其傷也子華子曰甚矣心術之善移也夫目眩於異同而意怵於愛憎雖其所自生殺之而弗悔而況非其類矣乎今世之人其平居把握附耳呫呫相為然約而自保其固曾膠漆之不如也及勢利之一接未有毫澤之差蹴然而變乎色又從而隨之以兵甚矣心術之善移也無以異乎

子車氏之猳

宋有澄子者亡其緇衣順塗以求之見婦人衣緇衣焉援之而弗舍曰而以是償我矣婦人曰公雖亡緇衣然此吾所自為者也澄子曰而弗如速以償我矣我昔所亡者紡緇也今子之所衣者禪緇也以禪緇而當我之紡緇也而豈有所不得哉子華子曰夫利之惛心也幸於得而已矣忘其所以為質者矣幸

於得而忘其所以為質夫何所憚而不為之
哉今世之人求其不為澄子者或寡矣
子華子曰今世之士其無幸歟川閡水以成
川世閡人而為世河之下龍門也疾如箭之
脫筈人壽幾何而期以有待也治古之時積
美于躬如膚革之就充惟恐其不脩弗憂於
無聞如擊考鼓鍾其傳以四達繹如也今則
不然荒飈怒號而獨秀者先隕霜露霄零而

朱草立槁媾市之徒又從而媒孽以髠搖之是以萌意於方寸未有毫分也而觸機穽展布其四體未有以為容也而得拱梏懷抱其一槩之操泯泯默默而願有以試也而漫漫之長夜特未旦也疾雷破山澍雨如霪雞喑於塒而失其所以為司晨也人壽幾何而期以有待也今世之士其無幸歟

子留子築居於五源之溪使其徒公子賓胥

見子華子於齊曰先王之役子留子使賓胥
也敬以有請夫五源之溪天下之至窮處也
鼯吟而鼬啼且曉昏而日映也蒼蒼踟躕四
顧而無有人聲雖然其土脉膏以發其植物
也兊兊以澤其清流四注無乏之於濯溉其蘋
草之芼足以供祭也流光馳景却顧於斷蹊
絶壑之下雲雨之所出入也其石皴栗爛如
赭霞葯草之芬從風以揚龍耕溪飲為力也

佚而坐嘯行歌可以卒歲今先生之年運而往矣而其所以蘊藏者無期惟是河汾之間不吾容也而寄食於海瀕歲又弗稔其何以供億今之諸侯其地相將也其德相若也先生之車軫其將誰氏知之是以予留子使賓胥也敬以有請無寧先生而肯照臨於山溪之中將使斯人也耳聞而目明先生豈無意於此子華子曰爾歸而語而夫子矣而以所

以屬於我者渠渠不忘於我之心鼎鼎如也
吾聞之太上違世其次違地其次違人而之
所志其違地矣乎曩者吾有緒言於會矣曰
我必死爾以吾骨反而涉河以從吾先人於
苓塞之下我之意也已有所在矣不得而從
於爾之求矣夫志之所存雖遼而親雖缺而
成疆裂壞斷不吾間也而今而後吾之神爽
坐馳於五源之間而亦將朝夕而惟余是從

吾何必往也喜來賓胥我之不得往猶而夫子之不得來也詩不云乎莫往莫來使我心疚吾之與而夫子也其弗覿矣乎

子華子自齊而歸召子元而訓之曰來爾會而小人其謹志之昔吾之宗君為周日正周公作成周定鼎於郟鄏脩和周郊於是吾之宗君薦其所以為祥者其族有三曰并里之璞也曰太山之器車也曰唐叔異畝之禾也

唐叔得禾異畝同潁吾之宗君請以為獻王命分寶王于魯公時庸展親歸禾於周公作歸禾周公旅天子之命作嘉禾是以吾之宗君始有蒲堂以朝作程典令其顯庸書在故府逮宣王之時吾之宗君入董六師為王虎臣是曰司馬司馬之后凡九世而其子孫或播居於汾河之間十有一世而固并於溫先大夫宣王之棄世也背違其群而吾之宗君

厥有大造於趙宗如瓜苗之有衍我是以庇其榮而食其實及吾之身雖不釋於簡主而趙則直吾姓之所宗氏也今主君之為人強毅而法能忍詬而無慝挺挺而不回且受人之規言其將光啓于趙氏之業而大其前人吾且老矣而不得以相其成來爾會而小人其謹志之其勿有二心以事主君惟是窀穸之事吾之所以後其先人者弗儉弗侈允釐

其中其勿以世俗之垢昏而以浼我之所脩
乃若爾會之所以自勗者則惟無宗君之忝
其於我亦預有無窮之聞來爾會而小子其
謹志之

子華子卷下